国内外公共图书馆

法人治理结构研究

冯 佳 著

国家社会科学基金青年项目"公共图
书馆理事会制度的建设与完善研究"
（批准号：15CTQ001）研究成果

上海远东出版社

图书在版编目（CIP）数据

国内外公共图书馆法人治理结构研究 / 冯佳著. 上海：上海远东出版社，2024. —— ISBN 978 - 7 - 5476 - 2068 - 7

Ⅰ. G259. 1

中国国家版本馆 CIP 数据核字第 2024LT1329 号

责任编辑　李　　敏

封面设计　徐羽心

国内外公共图书馆法人治理结构研究

冯　佳　著

出　　版　上海远东出版社

　　　　　（201101　上海市闵行区号景路 159 弄 C 座）

发　　行　上海人民出版社发行中心

印　　刷　上海中华印刷有限公司

开　　本　710×1000　1/16

印　　张　13.75

插　　页　1

字　　数　204,000

版　　次　2024 年 11 月第 1 版

印　　次　2024 年 11 月第 1 次印刷

ISBN 978 - 7 - 5476 - 2068 - 7/G · 1218

定　　价　58.00 元

引　言

　　世纪之交,中国图书馆界开始了对以公共图书馆理事会制度为核心的法人治理结构理论研究,时间不算长。自 2006 年《关于深化文化体制改革的若干意见》颁布以来,党中央、国务院关于公共文化领域现代治理的一系列顶层设计、总体部署,为公共图书馆建立法人治理结构指明了方向。2007 年,伴随着事业单位分类改革的推进,深圳图书馆等机构开始探索并建立了公共图书馆理事会制度试点。2011 年,中共中央、国务院《关于分类推进事业单位改革的指导意见》指出,要"面向社会提供公益服务的事业单位,探索建立理事会、董事会、管委会等多种形式的治理结构,健全决策、执行和监督机制,提高运行效率,确保公益目标实现"。2013 年,党的十八届三中全会《关于全面深化改革若干重大问题的决定》指出,要"明确不同文化事业单位功能定位,建立法人治理结构,完善绩效考核机制。推动公共图书馆、博物馆、文化馆、科技馆等组建理事会,吸纳有关方面代表、专业人士、各界群众参与管理"。这标志着文化事业单位建立法人治理结构已经由理论问题变为实践问题。

　　在随后中央文化体制改革和发展领导小组公布的《2014 年文化系统体制改革工作要点》及其《分工实施方案》中,稳妥推进公共图书馆、博物馆、文化馆、科技馆等组建理事会试点成为要点之一。2015 年初,《关于加快构建现代公共文化服务体系的意见》强调,要"加大公益性文化事业单位改革力度。按照关于深化文化体制改革和推进事业单位分类改革的要求,理顺政府和公益性文化事业单位之间的关系,探索管办分离的有效形式。进一步落实公益性文化事业单位法人自主权,强化公共服务功能,增强发展活力,发挥公共文化服务骨干作用。全面推进人事制度、收入分配制度、社会保障、经费保障制度改革。创新运行机制，建立事业单位法人治理结构，推动公共图书馆、博物馆、文化馆、科技馆等组建理事会，吸纳有关方面代表、专业人士、各界群众参与管理，健全决策、执行和监督机制"。2016年底颁布且于2017年3月1日开始正式施行的《中华人民共和国公共文化服务保障法》是我国公共文化服务领域的基本大法，公共图书馆建立法人治理结构的内容被纳入该法律规范，要求"国家推动公共图书馆、博物馆、文化馆等公共文化设施管理单位根据其功能定位建立健全法人治理结构，吸收有关方面代表、专业人士和公众参与管理"。特别是2017年9月，由中宣部、原文化部等7部门联合印发的《关于深入推进公共文化机构法人治理结构改革的实施方案》，为包括公共图书馆在内的公共文化机构推进实施法人治理结构提出了明确的目标与任务。而2017年11月高票通过、2018年1月1日起正式实施的国家管理图书馆事业的最高依据、我国首部图书馆专业法——《中华人民共和国公共图书馆法》，也对公共图书馆法人治理结构提出了要求，明确"国家推动公共图书馆建立健全法人治理结构，吸收有关方面代表、专业人士和社会公众参与管理"。这一系列政策法规的制定出台，推动我国公共图书馆法人治理结构开始大踏步向法治化轨道迈进。

以此为契机，根据中央深改组印发的《关于加强和规范改革试点工作的意见》，中央和地方开始积极探索公共图书馆法人治理结构的试点工作。2014年8月，原文化部制定出台《公共文化机构法人治理结构试点工作方案》，正式启动了公共文化机构法人治理结构建设试点工作，并按照严控数量、提高质量的要求，在各省推荐的基础上，涵盖东、中、西部各个地域、不同层级的7家公共图书馆被确定为公共文化机构国家级试点单位。各试点机构积极探索，不仅取得了一定的成效、发现了一些问题，更带动了全国更多地方的公共图书馆迈向法人治理结构的探究之路，切实发挥了在全国的示范和带动作用。

与此同时，党的十八大以来，以习近平同志为核心的党中央对文化建设高度重视，"把马克思主义基本原理同中华优秀传统文化相结合"的认识得到逐步深化。这深刻启迪我们，文明的复兴，既不是抛弃历史、重起炉灶、照搬国外，也不是沉迷旧梦、食古不化、孤芳自赏，而只能是在深刻把握本民族文明发展规律的基础上，吸收全人类先进文化成果，实现民族文化创新，创造出源远流长、奔腾不息的新文化①。交流互鉴是文明发展的前提条件，中国要用开放的心态，要用国际化的视野，在文明交流互鉴中坚守文化自信②，继续推动文化繁荣、建设文化强国、建设中华民族现代文明。

在此背景下，2015 年，笔者有幸获得国家社会科学基金青年项目的资助，开始将更多的时间与精力投入到公共图书馆法人治理结构领域的相关研究。在科研工作之余，笔者开始与课题组成员共同研究、探讨具有较长发展历史的美、英、德、日等国外公共图书馆法人治理结构的不同做法及经验，形成了一系列科研成果。期间，笔者还有机会列席原文化部召开的"公共文化机构法人治理结构试点工作"相关会议，并借助各种会议、调研期间的闲隙，经常往返于不同试点机构开展走访调研与学习，重点了解公共图书馆举办单位、法人治理结构决策层及管理层的各种思路、想法，试图理解当前公共图书馆法人治理结构建设发展背后面临的深层次难题，获得了许多难能可贵的第一手资料，为开展本课题研究积累了大量素材。2018 年，笔者又获得国家留学基金委的资助，得以在美国伊利诺伊大学厄巴纳-香槟分校开展为期一年的访问交流，对发展较为成熟的美国公共图书馆理事会制度有了更为深刻、感性的认识。在此基础上，笔者还多次参与到上海等地公共图书馆法人治理结构的研究与实践工作中，并于课题成果完成的后期阶段集中开展了针对国家级试点机构相关人员的结构式访谈工作，对我国公共图书馆法人治理结构各项工作的后续进展有了更多的深切体会。正所谓"万里之遥，不以为远。文明之光，相互映照"。

2019 年 9 月 9 日，在国家图书馆建馆 110 周年之际，中共中央总书记、国

---

① 张宏志.深刻理解"第二个结合"的时代价值与历史意义[EB/OL].（2024-04-16）[2024-04-29].http://www.qstheory.cn/dukan/qs/2024-04/16/c_1130109149.htm.

② 敏敬.在文明交流互鉴中坚守文化自信[EB/OL].（2024-01-09）[2024-06-02]. https://www.gmw.cn/xueshu/2024-01/09/content_37079054.htm.

家主席、中央军委主席习近平在给国图 8 位老专家的回信中指出,图书馆是国家文化发展水平的重要标志,是滋养民族心灵、培育文化自信的重要场所。[①]为新时代继续推进图书馆事业,服务国家发展大局,服务公众终身学习指明了前进方向。2023 年 10 月 7 日至 8 日,"习近平文化思想"首次在全国宣传思想文化工作会议上提出。会上,习近平总书记强调,要坚定文化自信、秉持开放包容、坚持守正创新,为全面建设社会主义现代化国家、全面推进中华民族伟大复兴提供坚强思想保证、强大精神力量、有利文化条件[②]。这些在为公共文化事业高质量发展创造条件的同时,也为当前乃至未来图书馆事业坚持正确政治方向,弘扬优秀传统文化,创新服务方式,推动全民阅读提供了根本遵循。

　　本书是国家社科基金青年项目"公共图书馆理事会制度的建设与完善研究"(批准号:15CTQ001)的重要课题成果。鉴于国外公共图书馆法人治理结构形式的多元化以及法人治理结构名称的多样性,本书特在标题中采用同中央政策文件相一致的提法"法人治理结构"取代"理事会制度",以"国内外公共图书馆法人治理结构研究"为题,既能够囊括国外多种形式的公共图书馆法人治理结构的实践经验,又能够涵盖国内公共图书馆以理事会制度为核心的法人治理结构现实工作,用尽可能多的、易于操作的直观做法,在当前所面临的发展瓶颈和良好政策的背景下,秉承辨证取舍的态度,提出符合我国发展实际的公共图书馆法人治理结构建设、完善的实现方式,为各级、各类公共图书馆的高效治理,为当下向纵深推进的文化体制改革提供切实可行的思路与参考,为现代公共文化服务体系的高质量建设发展做出积极贡献。

---

① 习近平给国家图书馆老专家回信强调 坚持正确政治方向 弘扬优秀传统文化[EB/OL]. (2019-09-09)[2023-12-28]. http://www.xinhuanet.com/politics/2019-09/09/c_1124978586.htm.

② 习近平对宣传思想文化工作作出重要指示强调 坚定文化自信秉持开放包容坚持守正创新 为全面建设社会主义现代化国家全面推进中华民族伟大复兴提供坚强思想保证强大精神力量有利文化条件 蔡奇出席全国宣传思想文化工作会议并讲话[EB/OL]. (2023-10-08)[2024-01-29]. https://news.cctv.com/2023/10/08/ARTIAEXvUyn8OcC547WJneSA231008.shtml.

目　录

第一章

公共图书馆法人治理结构的理论研究

推动公益性文化事业单位建立健全法人治理结构,是党和国家全面深化文化体制改革的一项重要任务,是加快建构现代公共文化服务体系的重要内容。公共图书馆作为重要的公益性文化事业单位,借鉴企业法人治理结构,建立以理事会为主要形式的现代治理结构,能够广泛吸纳社会各界参与决策监督,使决策权与管理权相分离,有效制衡政府部门利益,减少不同权力主体间的信息不对称,有效提升图书馆服务效能,确保公益目标的实现。

第一节　公共图书馆法人治理结构
研究的现实意义与价值

公共图书馆推行法人治理结构作为一次全面而深刻的文化体制机制改革,作为一个理论和实践高度互动的应用研究,正引发越来越多国内学界、业界,乃至各级政府部门的广泛关注,在学术理论与现实应用方面具有较大的意义。

一、学术意义

(一) 丰富公共图书馆理论体系
新世纪伊始,关于以理事会制度为核心的公共图书馆法人治理结构的相关研究开始出现。2008 年开始,公共图书馆理事会制度的研究日益升温,除了学界研究之外,包括深圳图书馆在内的业界研究者也开始了实践领域的探索。可以说,前期相关研究多停留在职能定位、管理运营等理念层面,随着"公共图书馆组建理事会"被写入党的十八届三中全会决议,以及支持并试点推进公共图书馆法人治理结构被先后纳入中央政策文件,公共图书馆法人治理结构的实践探索及其相关研究如火如荼地开展起来。因此,从实践探索过程中暴露的问题出发来研究公共图书馆法人治理结构,能够从举办单位、公共图书馆以外的第三方视角审视中国当前公共图书馆事业及现代治理方式的变化发展,并结合中国国情和各地实际,探索符合中国特色的公共图书馆法人治理结构,完善我国当前公共图书馆事业发展的治理理论,为中国公共图书馆理事会制度的建设发展提供理论支持,丰富中国公共图书馆事业的理论体系。

(二)为公共文化服务体系制度完备提供支撑

作为《中华人民共和国公共文化服务保障法》和《中华人民共和国公共图书馆法》条款中的重要内容,公共图书馆法人治理结构的实践探索及其研究立足《关于深入推进公共文化机构法人治理结构改革的实施方案》,且从实际出发,聚焦现实工作中遇到的一系列体制机制方面的重大问题与诉求,其成果必将为公共文化服务领域相关配套制度的制定出台、完备发展提供相应的理论依据和实践支撑。

二、实践价值

(一)有利于推动中国文化体制改革发展

以理事会制度为核心的公共图书馆法人治理结构是新世纪以来我国文化体制改革的新目标和文化建设的新要求。作为激发图书馆活力与内生动力的重要举措,对公共图书馆法人治理结构中涉及的管办分离与权力制衡、人事任免、岗位绩效工资、监督管理、经费使用决策等各种问题进行实践探索和研究,能够为实现文化体制改革提供借鉴参考,也能够为应对新时代背景下全面建设社会主义现代化国家、全面推进中华民族伟大复兴、大力推进现代公共文化服务体系高质量发展的新形势做出贡献。

(二) 有利于实现政府办文化转向政府管文化

政府职能由办文化向管文化的转变是深化文化体制改革的一项重要任务,公共图书馆法人治理结构作为文化体制改革发展的需要,即是对文化行政部门与公共图书馆之间关系的进一步理顺,使文化行政部门的部分职权下放,切实履行公共图书馆的独立法人地位,实现理事会制度的决策、监督职能,极大地推动政事分开、管办分离,不断满足人民对美好生活的新期待。

(三) 有利于公共图书馆法人治理结构的建设完善

针对当前中国各级、各类公共图书馆理事会制度推进过程中存在的人、财、物等问题,结合公共图书馆的不同类型、特点,借鉴国外公共图书馆现代治理的各种经验,通过实践试点与研究探索,制定各类切实可行且易于被政府和公共图书馆机构广泛认可的一整套理事会治理制度,为公共图书馆推行的法人治理结构的发展完善提供借鉴。

第二节 公共图书馆理事会制度与企业法人董事会制度的比较

公共图书馆理事会制度主要借鉴企业法人董事会的做法,与企业法人具有较强的利润动机,并且在资金、技术、管理和人才等方面有较多的优势相比,公共图书馆理事会治理结构则缺乏与经济利益相关的市场测试机制,公众不具备定性评价监测的专业技能。但总体而言,在整个社会关系网络中,企业法人治理与公共图书馆法人治理在治理基点、治理主体、治理内容与治理过程等方面均有着一定的相似性或者说共通性,特别是在当前公共图书馆法人治理结构的关系网络中,随着一些企业法人代表参与其中,且与公共图书馆本身、社会第三方机构、社会公众等各相关方发生着各种各样的关系,使得各利益相关方都充当了现代治理网络中不可或缺的一个节点,并在相互推动、相互发展过程中,有效弥补了"政府失灵"以及"市场失灵"等各种问题,这就为公共图书馆采用企业董事会制度的法人治理结构提供了可能。

一、治理基点

20世纪60年代以来,随着产品的充足供应,顾客的选择机会大大增多,选择权也大大加强,生产导向型社会逐渐向顾客导向型社会转变①。顾客导向一经提出就立即得到许多企业的响应,并且也使许多企业获得了成功。一时间,顾客导向被认为是市场营销观念的最高境界,大大小小的企业纷纷致力于顾客导向体系的建立②。作为从早期以大股东和经理人为主导的理事会实践中逐渐发展出来的现代做法——企业法人董事会制度,是将企业社会责任和利益相关者利益纳入企业决策者的视野,特别是将其作为一种企业战略管理和保持可持续竞争力的一种工具,是企业现代治理的最佳实践胜出者,对于改进企业治理、创造长期价值也是有益的。③ 应当说,企业法人董事会制度的终极动力来源于市场竞争。

与此相类似,随着社会环境的迅速发展和公众需求的日益个性化、多元化,政府迫切需要摆脱高高在上、不顾公众需求的刻板形象,亟待树立起"为顾客服务、对顾客负责"的新的顾客导向型政府的形象④。在此情形下,顾客一词首先被英、美等国家引入到公共部门,新公共行政理论随之兴起,并风靡全球,"它鼓励公民以个人或集体的形式广泛地参与公共行政,从而使公共行政更响应公众呼声和以顾客为中心……采用和强调'顾客'的术语以表示公民和行政官员在新公共行政中的重要性"⑤。公共图书馆作为向全社会提供公共阅读等均等服务的公益性文化机构,读者作为其阅读推广、参考咨询等各类活动的参与者,其顾客的含义显而易见。理事会制度作为鼓励和支持全

---

① 王雁红,詹国彬.顾客导向型政府对中国的启迪[J].上海城市管理职业技术学院学报,2003(5):36-38.
② 罗月领.城市治理创新研究[M].北京:清华大学出版社,2014:30-38.
③ 仲继银.董事会与公司治理[M].北京:中国发展出版社,2014:6-10.
④ 王雁红.顾客导向型政府及其对我国政府改革的启示[J].社会,2003(10):57-60.
⑤ 康特妮,马克·霍哲,张梦中.新公共行政:寻求社会公平与民主价值[J].中国行政管理,2001(2):44.

社会参与公共图书馆现代治理的创新方式,能够有效激发社会发展的内生动力,增强全社会百姓的文化获得感,实现政府治理与社会自我调节、居民自治的良性互动。

由此可见,现代治理结构的前提明确了创新的目的是为了人,也就是市场用户,即顾客。在不同语境下,顾客有着不同的含义,对于企业而言,顾客是深受产品或服务影响的人,可能是外部的消费者,也可能是内部的职员①;对于公共图书馆而言,顾客则是指那些利用公共图书馆资源或享受图书馆服务的组织与个人。可以说,顾客作为现代治理的基点,是否发挥其积极性,将其纳入到现代治理体系中,直接关系到企业与公共图书馆对全社会人群的吸引力,并直接体现在企业和公共图书馆的利益诉求上。

二、治理主体

随着西方各国由工业社会向后工业社会转变,20 世纪七八十年代,治理理论打破了将政府作为理所当然的公共事务管理责任承担者的惯性思维,官僚机构或政府部门作为公共物品及服务的唯一提供者的垄断地位发生了动摇②,除政府部门以外的私营部门、第三部门等部门开始在公共事务的管理中扮演起重要角色,在提供公共服务的过程中发挥了更大的作用③。另一方面,多元、开放、民主、法治的现代社会的一个重要特征就是治理主体的多元化,它需要政府、市场、第三部门和公民的共同治理④。纵观全球,包括企业法人和公共文化机构在内的治理主体共同经历了或者说正在经历着从单一主体到政府、市场、社会等多方治理主体共同参与的多元网络组织的演变过程。

因此,在治理主体发生变化的进程中,在经济全球化的历史背景下,企业不再是以实现利润最大化为唯一目标的"经济人",而是成为扮演一定社会角色的"社会人",是人类社会中担当一定责任的"公民";企业不仅要以其核心

① J.M. 朱兰. 朱兰论质量策划[M]. 北京:清华大学出版社,1999:4.
② 郑珊. 新公共管理:背景、特征与启示[J]. 前沿,2005(5):164-166.
③ 邓伟志,钱海梅. 从新公共行政学到公共治理理论——当代西方公共行政理论研究的"范式"变化[J]. 上海第二工业大学学报,2005(5):1-9.
④ 杨新春,姚东. 建设社会主义和谐社会必须发展第三部门[J]. 黑河学刊,2007(2):10-11.

业务向社会提供有益的价值,而且要向社会显示他们应该承担的责任。① 因此,董事会作为企业法人有效治理结构的关键环节,其治理主体既涵盖了企业股东、经理人、职员,又包含了与企业打交道的各方主体、社会知名人士等利益相关方,董事会通过自身治理能力的提高以及更好的领导、更有效的战略管理,推动实现企业价值的增加和社会责任的履行。

对于公共图书馆而言,由于其特有的公共性,在政治权力日益从政府下放至公民社会的背景下,公共图书馆理事会的治理主体就囊括了政府、公众、第三部门以及广大的私人机构等社会方方面面,它们均可以在公共文化产品和公共文化服务等方面有所作为,成为社会公共文化事务管理的主体,使公共图书馆能够更加充分地体现民众的意志,提供一个多方面合作、共同管理的新模式。②

三、治理内容

以理事会作为主要方式的法人治理结构源于企业的制度设计,现代企业通过建立法人治理结构,明确了股东会、董事会、监事会与经理层之间的权力、责任和利益分配及相互制衡关系,以保障企业规范运行,最大限度地保证出资人的权益,促进企业独立地参与市场竞争。现有主流观点认为,企业法人治理的核心问题是解决股东和经理的代理问题,以及大股东和中小股东之间的冲突③,其中,主要涉及公平、效率、责任、参与、协调等制度安排的内容。而基于顾客导向的企业法人治理,从广义上讲,其董事会治理主体通过一定的途径了解顾客选择产品或服务进行消费的这一决策过程,包括时间、地点、产品产地、品牌等各个方面,全面审视企业发展运营,并通过制定、推动执行各种形式的企业治理准则等方式,确保提升企业价值,实现企业利益的最大化。

公共图书馆作为公益性文化事业单位,其在推进法人治理的过程中,主

① 孙荣,徐红,邹珊珊.城市治理:中国的理解与实践[M].上海:复旦大学出版社,2007:265.
② 方东.论新公共管理的嬗变[J].科学管理研究,2004,22(2):6-7.
③ 赵晶.社会资本控制:公司治理的新范式[M].北京:经济管理出版社,2015:7-9.

要针对现有的管理体制、人事体制、财务体制等制度制约,依据政事分开、管办分离原则,在政府监管下构建以公益目标为导向、内部激励机制完善、外部监管制度健全且规范合理的治理结构和运行机制,即通过组建理事会制度的方式,探索实现转变政府职能、改变管理方式、法人组织独立运营的切实可行的方案。公共图书馆在探索中寻求治理方式的创新突破,从根本上是为了向广大读者这一特殊的顾客群体提供更加高效、更为便捷的多元服务。因此,公共图书馆的理事会制度来源于企业法人董事会制度,且公共图书馆作为法人单位,在法人治理内容以及决策、执行和监督机制上与企业法人治理均有相似之处,即在公共图书馆内部建立的理事会制度,如年度报告制度、信息披露制度、公众监督制度、决策失误追究制度、审计制度、绩效评估制度、党组织建设制度等,通过明确各利益相关主体的权利义务关系,形成理事会与管理层相互支持、相互制约的关系,实现决策、执行和监督的有效制衡,对于公共图书馆优化运营管理、优化资源配置、优化服务供给具有重要意义,为公共图书馆的高效运行提供制度和保障。

但应当注意的是,与企业法人治理追求企业利益最大化目标不同,公共图书馆所追求的是社会效益及公益服务的最大化。推行利益相关方共同参与决策、问责、监督等制度框架制约的理事会制度,有利于形成科学决策和民主监督的管理体制和运行机制,是实现公共图书馆现代治理的有效之道。

四、治理过程

组织治理是它所创造的结构或秩序不能由外部加强,而要依靠多种主体进行统治以及相互发生影响的行为者开展的互动。[①] 法治化下的组织发展与人治化下的组织发展最大的区别就在于高层决策的体制不同。现代企业法人的董事会制度作为在股东大会授权下的高层决策和监督委员会,应当在恰当的氛围下,由恰当的人,按照恰当的程序,完成董事会的宗旨、任务及监管、战略指导等工作。通常,企业法人的股东代表通过股东大会按股投票选举董

---

① 俞可平.治理与善治[M].北京:中国社会科学文献出版社,2000:32.

事组成董事会,董事会的基本目标是使股权持有人的价值长期保持最大化,并负责确保管理的程序、政策和决策进一步推动目标实现。为此,董事会应举行年度战略规划会议,按人投票进行战略性决策,并在董事会同意下,由首席执行官决定会议召开的时间和议程,董事会经理层负责贯彻和实施董事会的战略性决策。企业法人的现代治理包含了"战略构想提出→战略审核、批准与决策→战略计划制定与检查→战略执行、监测与调整"等几个步骤①,具体如图1-1所示。

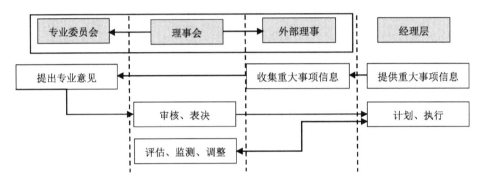

图1-1 企业法人现代治理流程图

与企业法人董事会制度相比,公共图书馆作为公益性文化事业单位,其理事会制度为核心的法人治理结构亦是由利益相关方共同参与治理,但政府意愿在其中有着相对强烈的表达。在这种多元互动的治理过程中,政府相关部门的代表实行委派制,服务对象和其他有关方面的代表实行推选制,共同组成理事会。理事会的主要职责是负责本单位的发展规划、财务预决算、重大业务、章程拟定和修订等决策事项,按照有关规定履行人事管理方面的职责,并监督公共图书馆的运行管理。由公共图书馆的馆长和主要管理人员构成的图书馆管理层是理事会的执行机构,应按照理事会的决策,独立自主地行使日常业务管理权、财务资产管理权和工作人员管理权。② 总体而言,公共图书馆与企业法人董事会制度的治理过程有着异曲同工之处,均是为提高决

① 仲继银.董事会与公司治理[M].北京:中国发展出版社,2014:50-115.
② 李国新.公共图书馆法人治理:结构·现状·问题·前瞻[J].图书与情报,2014(2):1-9.

策、执行和监督等重要环节的治理绩效。

第三节　公共图书馆法人治理结构的组织运行
及应处理好的几对关系

公共图书馆通常作为区域文化、教育和信息中心，从参与主体上看，公共图书馆的运营管理包括政府、社会等多元主体；从行政层级上看，公共图书馆的运营管理包括省级、地市级、区县级、街镇级等多个层次；从专业维度上看，公共图书馆的运营管理主要包括业务、行政等部门，而每个部门下又包含许多子部门，呈现出多维度、多层次、多结构、多要素间的关联，需要通过专业的现代治理方式使其适应日益繁复的社会发展。理事会作为实现公共图书馆有效治理结构的重要环节，其组织运行及与其他利益主体的相互关系是影响公共图书馆理事会发挥作用的关键。

一、组织架构

结合企业法人董事会制度，并根据国内外公共图书馆理事会制度的实践探索发现，目前公共图书馆理事会在形式上有差异，但在治理理念上趋同。理事会根据公共图书馆的规模基本由 5 到 21 名奇数人员组成，构成人员包括行政主管部门领导、图书馆管理层人员、本馆职工、业界专家、社会人士等，少数公共图书馆的理事还包括外籍人士及所在地区的服务对象[①]，其组织架构也都各有差异，均是在基础组织架构上结合本馆理事会的实际做出适当调整（图 1-2），形成各具特色的公共图书馆理事会组织架构，以便开展高效的公共图书馆治理工作。

通常而言，在公共图书馆理事会内部设主席/理事长 1 人，副主席/副理事长 1 人，主席/理事长负责主持所有理事会会议，领导、协调理事会的运作，并

---

① 霍瑞娟.公共图书馆法人治理结构现状调研及思考[J].中国图书馆学报,2016(4)：117-127.

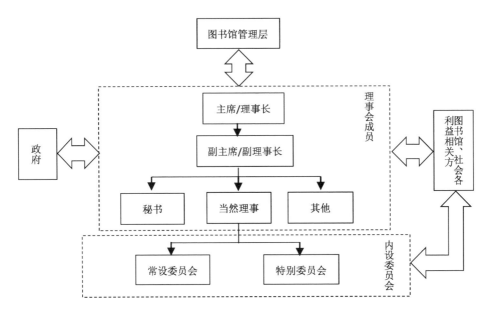

图 1-2　公共图书馆理事会制度的基础组织架构

执行理事会下达的各项机动任务,在主席/理事长缺席或失职的情况下,由副主席/副理事长在未满任期内填补这一职位①;理事会设秘书 1 人,是理事会的公职人员,主要承担日常联络、接待、回答咨询等行政事务性工作;公共图书馆馆长可以作为理事会的当然理事,参与理事会的各项工作,但没有表决权;此外,理事会还会通过常设委员会的形式完成一些常规的提名、财务、审计等各项治理工作,并通过设立特别小组或临时委员会的形式完成一些具有阶段性的特殊使命②。

二、运行机制

为更好地履行职责,公共图书馆理事会一般会定期召开会议,审议管理层提交的工作报告并审查有关工作方案,决定相关重大事项。理事会会议遵循一定的会议规则,从而确保理事会有序运转。为保障理事会正常开展工作,多次缺席理事会会议的理事将被劝退。理事会还确定了有关理事投票规

---

① 冯佳.波士顿市公共图书馆理事会制度[J].图书与情报,2014(2):14-16.
② 冯佳.美国各州图书馆理事会制度研究[J].国家图书馆学刊,2017(3):10-20.

则,保障理事行使权力。为保障理事权益,理事会会议有详细的记录,并且理事有权要求在记录上对其在会议上的发言做出说明性记载。理事会会议记录作为公共图书馆的重要档案被妥善保存。以上机制均有利于理事会有效开展工作,促进理事参与公共图书馆治理。

为弥补理事在决策和监督过程中专业知识不足的缺陷,公共图书馆理事会一般设置战略、财务、薪酬、审计、考核等多个委员会,为理事会决策提供咨询建议。各下设委员会一般会由外部理事领导,并聘请具备资质的外部专业机构或专业人员开展工作。专业委员会负责对专门事项进行前期调查、研究和论证,并提出初步意见,供理事会审定。上述理事会运行机制,均有利于理事会正常开展治理,保障公益服务沿着正确的方向发展。[1]

三、公共图书馆推行法人治理结构应处理好的几对关系

由企业基本属性派生出来的治理问题需要处理好股东和理事会之间的关系、控制性股东和中小股东的关系,以及企业控制者和其他利益相关者之间的关系等。[2] 另一方面,按照我国事业单位分类改革,公共图书馆作为文化事业单位,被确定为公益一类事业单位,属于纯公益事业单位。由于公共图书馆直接向社会提供公益服务,社会关注度较高,利益关联方较多,公共图书馆适合运用理事会制度开展法人治理的共同治理模式。也因此,源自企业法人治理结构的公共图书馆理事会,也需要结合自身的特点,在具体的治理过程中处理好以下几对重要关系。

(一) 理事会与政府

提高公共图书馆服务效能是公共图书馆理事会制度的最终目标,而理事会制度又是公共图书馆治理的有效手段。在施行公共图书馆现代治理的过程中,一方面,政府发挥着不直接管理但又十分重要的作用,需要通过各种政府决策或政府行为,由行政主管部门将公共图书馆的具体管理职责下放给理

---

[1] 王冬阳,冯佳.论法人治理对公共图书馆公益属性的强化作用[J].图书馆理论与实践,2015(1):7-11.

[2] [英]保罗·戴维斯.英国公司法精要[M].樊云慧,译.北京:法律出版社,2007:1-10.

事会,用政策引导、经费制约、行为监督等一系列制度安排,保证理事会内部秩序井然,并调动一切可以调动的社会资源,降低理事会机构内外的运行成本①,进而体现政府的执政和施政能力;另一方面,公共图书馆理事会在治理过程中发挥着独立自主的重要作用,理事会作为公共图书馆现代治理的直接参与者,是政府部门与公共图书馆之间的一种准自治机构,起着上通政府部门与官员、下达公共图书馆普通员工与读者的桥梁作用,需要按照法定程序向政府汇报工作、接受政府监督,并通过兼顾公民意愿和政府意志的集体决策和集体行动,全力帮助公共图书馆管理运营水平和服务效能提升,全面体现理事会的治理能力与水平。

(二) 理事会与图书馆管理层

任何事情成败的关键在于决策,而好的决策需要强有力的执行。通常而言,在公共图书馆理事会制度中,理事会作为决策、咨询或议事监督机构,应当为公共图书馆管理工作提供好的意见或建议,并通过理事会章程和理事会会议行使其各项权力,支持但不直接参与图书馆的日常管理;公共图书馆管理层作为理事会决策的执行机构,由公共图书馆的馆长等行政负责人和主要管理人员构成,对理事会负责,其主要职责是按照理事会的决策,独立自主地行使日常业务管理权、财务资产管理权和工作人员管理权,同时接受理事会监督与测评。②

(三) 理事会与图书馆馆长

纵观国际惯例,公共图书馆理事会与公共图书馆馆长的关系虽不尽相同,但本质上却殊途同归,即是要通过正确处理好馆长与理事会之间的关系,使两者能够相互配合且互不干涉其具体事务。一般来讲,公共图书馆的馆长由理事会任命或提名,馆长为理事会服务,并对理事会负责,定期向理事会提交公共图书馆的年度报告和工作总结;公共图书馆理事会在拥有馆长聘用或

---

① 燕继荣.国家治理及其改革[M].北京:北京大学出版社,2015:189-241.
② 深化公益性文化事业单位改革实施法人治理结构调研报告[R/OL]. (2014-01-21)[2017-12-10]. http://www.wxphp.com/wxd_3dg9l45hmt97tl37ll7v_3.html.

提名权的基础上,还要依据公共图书馆的年度工作情况对馆长进行年度考评,有效避免公共图书馆馆长"一言堂"的作风。①

(四) 理事会与社会其他利益相关方

治理就是管理网络,并超越了政府的运用。② 现代治理的理论打破了将政府作为理所当然的公共事务管理责任承担者的惯性思维③,包括私营部门、第三部门等在内的其他利益相关方均可以在公共图书馆事务管理方面发挥主体作用。我国先后出台的一系列政策法规中都明确提出,要吸纳有关方面代表、专业人士、各界群众参与管理,即公共图书馆理事会要积极鼓励全社会的利益相关方代表以直接加入公共图书馆理事会的方式,参与理事会的议事、决策等治理过程,反过来,社会各界则应当加强对公共图书馆理事会工作的监督,并及时反馈群众意见,从而实现在相互依存、相互制衡的环境中,共同治理公共图书馆的事务,更加充分地体现以顾客为导向的民众意志。

本 章 小 结

公共图书馆法人治理结构作为新世纪以来我国文化体制改革的重要内容和重要目标,是激发公共图书馆活力的重要举措,对其开展实践、进行研究具有鲜明的学术理论意义和应用实践价值。源于企业法人治理制度的公共图书馆法人治理结构,具有以读者(顾客)为治理基点、政府及全社会个人与组织等为治理主体、理事会为主要治理方式、利益相关方共同参与的治理过程等显著特性,但与企业法人治理追求企业利益最大化目标有所不同,公共图书馆所追求的是社会效益及公益服务的最大化。另一方面,理事会作为实现公共图书馆法人治理结构的重要环节,虽然国内外当前的公共图书馆理事会制度在形式上表现出差异性,但通过结合企业法人董事会制度,其在治理

---

① 徐引篪,盛小平,黄颖.美国图书馆理事会及其启示[J].四川图书馆学报,2004,3(139):2-7.
② Rhodes R. Understanding Governance[M]. Buckingham: Open University Press, 1997: 51.
③ 罗月领.城市治理创新研究[M].北京:清华大学出版社,2014:69-73.

理念上基本趋同,且不同的组织架构也均是在基础的组织架构上结合本馆理事会的实际做出的适当调整。为更好地履行治理职能,源自企业法人治理结构的公共图书馆理事会制度,一般通过会议方式对治理事项进行审议,且通过成立专业委员会的形式为理事会决议提供专业化、科学化的参考咨询。此外,结合自身的特点,公共图书馆在采取理事会这一治理方式的过程中还必须处理好理事会与政府、理事会与图书馆管理层、理事会与图书馆馆长、理事会与社会其他利益相关方等几对重要关系,确保公共图书馆实现最优化治理,助推文化体制机制改革取得实效。

第二章

国外公共图书馆法人治理结构实践研究

    纵观全球,由于多样化的社会生态环境、差异化的政府管理体制等因素影响,各国公共图书馆采取的法人治理结构也不尽相同。其中,英、美等国的公共图书馆理事会制度在经历了百余年的发展历史后,其发展运行已相对成熟和完善,并对其他欧洲、亚洲等国家的公共图书馆治理产生了深远的影响。而在我国,2007 年以来,伴随着事业单位分类改革地推进,公共图书馆理事会制度正式拉开试点探索的序幕。较之英国、美国等拥有百余年历史的公共图书馆理事会制度,亦或是与晚生后学的德国、日本等国的公共图书馆理事会制度相比,以理事会为核心的法人治理结构在我国的图书馆领域均尚属新鲜事物,且在我国业界并未得到广泛一致地认可,反对之声也时有出现。鉴于此,针对美国、英国、德国、日本等不同体制国家、不同类型公共图书馆的理事会制度进行较为全面而深入的研究,对于增强我国图书馆界对理事会制度的认知与了解,对于我国探索不同规模、不同层级的公共图书馆法人治理结构,对于掌握理事会制度在公共图书馆运行的普遍规律,为尚处于摸索、试点阶段的我国公共图书馆理事会制度实现实践层面的研究和创新,能够提供可资参考的经验借鉴和启发。①

---

① 冯佳. 美国俄亥俄州图书馆理事会制度[J]. 国家图书馆学刊,2014(3):47-52.

第一节　国外较具代表性的公共图书馆理事会制度

当前,美国、英国、德国、日本等国家均在其公共图书馆治理中采取了以理事会为核心的法人治理结构,并为确保制度有效运行,各国各地的公共图书馆通过与本国、本地域实践相结合,形成了四种具有各自地域特征的理事会制度。

一、普遍通行的美国公共图书馆理事会制度

总览美国,即便其公共图书馆事业发展比较成熟,但由于时代变迁导致的各种因素,美国 50 个州对各自公共图书馆的治理方式有着不同的规定,并由于图书馆形态与功能发生转变等原因,物理实体图书馆的不复存在致使阿拉巴马州、科罗拉多州、特拉华州、明尼苏达州、内华达州、田纳西州、怀俄明州等州并没有建立相应的理事会制度,而其他已有图书馆理事会制度的各州则从理事会名称到功能定位等方面也都有着显著差异(详见附录 1)。需要特别说明的是,即使那些在州层面没有实施图书馆理事会制度的地方,通常也都大力支持其所辖各郡县地方推行理事会制度,如怀俄明州、田纳西州等州均为其所辖区域内的图书馆制定了具有指导意义的相关指导制度。整体而言,理事会制度在美国以物理形态存在的实体公共图书馆中是普遍通行的,其中的一些理念与做法在推动中国公共图书馆真正实现从"人治"走向"法治"的善治过程中能够给予诸多启发。

(一) 各州图书馆理事会的名称及其组织架构

美国各州公共图书馆理事会的名称并不统一。目前,除个别没有实施理事会制度的州以外,半数以上的州均习惯使用"Board"一词表示理事会,但阿拉斯加州、密苏里州、北达科他州、宾夕法尼亚州、华盛顿州等 5 个州则使用"Council"一词代表州图书馆的治理机构,还有爱达荷州、爱荷华州、路易斯安那州、缅因州、密西西比州、蒙大拿州、内布拉斯加州、新墨西哥州、得克萨斯

州、西弗吉尼亚州等 10 个州使用"Commission"一词代表其州图书馆治理机构，另有伊利诺伊州使用"Committee"一词表达州图书馆治理机构之意。虽然美国各州在词语选择和表述上有所不同，但上述机构在功能上基本趋同，即行使着治理公共图书馆的权利。因此，为便于比较研究，本文统一将其称之为理事会。

美国各州的图书馆理事会并非一成不变，而是在由政府相关部门和利益相关方组成的包括主席/理事长、副主席/副理事长、秘书、当然理事、常设委员会、特别委员会等基础的治理组织架构上进行适当增减等调整，通过适应自身发展环境而采取了不尽相同的组织结构方式，实现对各州图书馆的有效治理。①

（二）各州图书馆理事会的职能定位

对美国各州形式各异的图书馆理事会职能进行比较研究，可以发现，美国州层面的图书馆理事会制度按照职能大致可以分为四类。

一是包括阿肯色州、加利福尼亚州、哥伦比亚特区、乔治亚州、爱达荷州、缅因州、新泽西州、俄亥俄州、俄勒冈州、弗吉尼亚州、印第安纳州等在内的议事决策型。此种类型的图书馆理事会必须确保理事的独立性，并通过外部理事之间的博弈，履行理事会共享集体决策的职能。

二是康涅狄格州、夏威夷州、爱荷华州、威斯康星州等在内的决策监督型。此类图书馆理事会通常将决策与监督职能分设，在议事决策职能的基础上，还负责监督图书馆管理层或服务项目，负有广泛的责任。

三是阿拉斯加州、亚利桑那州、北达科他州、弗罗里达州、伊利诺伊州、马萨诸塞州、密歇根州、密苏里州、内布拉斯加州、新罕布什尔州、新墨西哥州、宾夕法尼亚州、罗德岛、南达科他州、佛蒙特州、犹他州、华盛顿州、西弗吉尼亚州等所采取的咨询建议型。作为美国各州采取最多的治理类型，此类图书馆理事会通过综合各理事的观点，为图书馆的运营管理、发展规划等提供建设性意见，并依据州图书馆理事会的隶属关系，由州政府及其相关部门或图

---

① 冯佳.美国各州图书馆理事会制度研究[J].国家图书馆学刊,2017(3)：10-20.

书馆行使最终决定权。

四是包括肯塔基州、得克萨斯州等在内的多职能联合治理型。这种形式的图书馆理事会制度通过设立不同功能的理事会,形成共同协作的理事会联合体,在充分彰显各自领域专长的基础上,完成对本州图书馆的全面治理。

(三) 各州图书馆理事会的常规制度

从美国各州的实践来看,并不存在一个放之四海而皆准的图书馆治理模板,每一个图书馆和理事会必须根据其自身所处环境来制订理事会章程、图书馆战略及其各项规范等,但其中仍有一些共通与不变的原理,以及一些常规的制度值得参考借鉴。

1. 外部理事制度

对于公共图书馆理事会制度而言,外部理事就是独立于该图书馆之外的人。一定数量的外部理事一方面能够为理事会带来客观的观点和独立的判断,另一方面也能通过专业的外部视野为决策制定增加价值。[①] 美国几乎各州的图书馆理事会制度都充分体现了外部理事的价值,除了州图书馆馆长外,各州图书馆理事会其他成员主要包括地方图书馆行业协会、图书馆用户群体、业界专家、其他利益相关方和各区域代表等,能够最广泛地代表不同利益团体和不同区域的意见,在咨询、决策过程中能够有效兼顾到各方利益,并在有关争论议题、业务政策制定和实施、评估与审议、馆长任命等关键决议时给予重要的意见,从而形成一种理事会议事决策过程中的权力制衡与监督制度。

2. 当然委员制度

美国不少州的图书馆理事会在其制度中明确规定了州图书馆馆长作为当然委员,参与理事会的各项工作。通常而言,美国各州图书馆馆长为州图书馆理事会的当然委员,且普遍没有投票权。由于有馆长直接参与到理事会的议事等工作中,不仅确保了理事会的最终决议符合图书馆实际,具有较强的针对性、适用性和可行性,又因为馆长无投票表决权,并不会妨碍理事会最终决策意见的制定出台。但由于各州图书馆理事会性质与职能不同,也有一

---

① 仲继银.董事会与公司治理[M].北京:中国发展出版社,2014:62-66.

些特殊的当然委员制度,如堪萨斯州的当然委员有 3 名,包括州图书馆馆长、州教育专员及州校董会执行官[①];华盛顿州的当然委员有 2 名,包括均无投票权的州图书馆馆长和华盛顿大学信息学院院长[②];北达科他州的当然委员有 2 名,包括有投票权的州图书馆协会主席/会长和没有投票权的州图书馆馆长[③]。

3. 内设委员会制度

与公司治理相同,美国各州图书馆理事会内部也普遍设立了一些独立的委员会,为理事会科学有效的治理提供意见和建议,有利于发挥理事会的监督、制约及决策作用。除理事会授权外,这些委员会仅作为州图书馆理事会的咨询机构,不具有其他任何权力。为保证客观、专业,内设委员会通常由一定比例的理事会成员或由理事会任命的全部外部理事组成,分别负责协助理事会做好相关工作。为应对时代发展、反映不同地区的特点,各州图书馆理事会的下设委员会在名称、功能设置上也有所差异,但总体而言,理事会一般会通过常设委员会的形式完成一些常规提名、财务、审计等各项治理工作,还会通过设立特别小组或临时委员会的形式完成一些具有阶段性的特殊使命。

4. 例行会议制度

理事会会议质量是体现现代治理的关键[④],决定了理事会是否能做出有效、正确的决策。建立例行会议制度是美国各州图书馆理事会的通行做法,但有关开会时间、开会频次以及开会形式等内容,各州并没有固定的规则。不过,为确保会议高效进行,各州图书馆理事会会议还是遵循了一些基本的原则和基本的模式,如各州均要求定期召开理事会会议,并要求提前做好充分的准备,会中应遵循必要的程序,在确保会议议题得到充分讨论且意见尽可能一致的基础上做出最终决定,会后还要保证理事会的决议能够得到切实

---

① State Library of Kansas Board. [2016-01-28]. http://kslib.info/237/Board.

② Library Council Bylaws. [2016-10-03]. https://www.sos.wa.gov/library/libraries/dev/council/bylaws.aspx.

③ North Dakota Library Coordinating Council Bylaws. (2015-11-02)[2016-09-10]. http://www.library.nd.gov/council/councilbylaws.pdf.

④ 仲继银.董事会与公司治理[M].北京:中国发展出版社,2014:62-66.

的贯彻执行。与此同时,在例行会议之间,如遇紧急和重大情况,理事会可以通过召开临时会议或特别会议的方式进行协商、产生决议。

5. 经费代拨制度

美国的《图书馆服务与技术法》(*Library Services and Technology Act*,LSTA)规定,分配给各州的拨款由各州图书馆管理机构,也即州图书馆管理局通过直接或资金拨付、或合作协议的方式,根据各州图书馆的具体需求进行分配运用[1],各州也常通过法律的方式授权图书馆理事会接受捐赠[2]。因此,州图书馆理事会作为各州图书馆的治理机构,理应成为经费接收和管理机构,对图书馆的所有经费进行有序分配和监督,这在美国各州的图书馆理事会制度中均有充分体现。此举不仅可以通过多方商讨的形式,有效规划图书馆资金使用与服务项目、科学制定经费审批与划拨流程,全面吸取理事会成员的意见,使图书馆的资金在整体分配及具体使用过程中都更为合理,使相关政策制定更为权威而专业,使经费流转更为规范、高效,更为卓有成效地提升全州的图书馆服务提供有效的经费支撑[3]。

(四) 各州图书馆理事会的特殊制度

纵观美国各州的图书馆理事会制度,其中不乏一些有效提升理事会治理水平和治理能力的特殊制度,在图书馆理事会运作过程中发挥了积极的作用。

1. 会议开放制度

理事会通常以会议的方式行使权力、形成决议,美国各州图书馆理事会也不例外。但是,一些州特别注重会议开放、包容的气氛,并为保证会议的公开、透明,允许社会公众和媒体参与旁听,有些州甚至还允许旁听者在恰当的时段发表个人的看法和意见。如新墨西哥州的图书馆理事会规定,每年至少向公众开放四场会议或听证会[4];新泽西州图书馆理事会鼓励并欢迎有兴趣

---

① 卢海燕.国外图书馆法律选编[M].北京:知识产权出版社,2014:469-481.

② 孙冰.美国联邦图书馆法研究[D].北京:北京大学,2010:17,25-30.

③ 冯佳.美国各州图书馆理事会制度研究[J].国家图书馆学刊,2017(3):10-20.

④ Library Commission [EB/OL]. [2016-08-29]. http://www. nmstatelibrary. org/about-nmstatelibrary/library-commission.

的个人与媒体参加其会议①;《密歇根州会议公开法》(the Michigan Open Meetings Act)则明确要求,州图书馆理事会召开的所有会议都要在网站上公开、向公众开放,且会后要收集公众评论②;俄克拉荷马州在网站上为欲参加理事会会议并发言的公众提供登录界面,并在会议议程中为公众预留自由言论环节,理事会主席/理事长设定合理的时间接受公众提交的书面材料③;俄勒冈州规定,除图书馆理事会行政会议外,任何个人或市民团体均可以参加任何一个理事会的常规会议,且任何个人或市民团体可以在任何理事会常规会议的开放论坛部分进行发言,理事会主席/理事长为发言者安排适当的时间,并用其自由裁量权限制公开发言,在理事会多数投票同意的情况下,也可以限制公开发言④。

2. 交替更迭制度

美国多数州的图书馆理事会都对理事任期期限做出规定,且通常要求理事不得连任超过 2 个以上的任期,这在一定程度上强化了对理事的制约力度,排除了固定理事导致的决议偏颇。特别是马萨诸塞州、密西西比州、南卡罗来纳州、犹他州、西弗吉尼亚州等州还借鉴现代公司治理中较为流行的任期交叉的做法,专门建立了理事在任职期限方面的交替更迭制度,即通过限制每位首任理事不同的任期期满时间,使得随后产生的每位理事的固定任期期满时间形成交错,避免出现同时更换全部理事会成员的情况发生,使理事会时常处在新、老成员交替协作的格局中,从而确保理事会正常稳定地运转。

3. 教育合作制度

由于部分州的图书馆理事会由教育部门设立,因而图书馆与学校等教育部门合作也成为美国这些州图书馆理事会所采纳的做法。如夏威夷州将公

---

① New Jersey Public Libraries:A Manual For Trustees,2015[EB/OL]. [2016-09-01]. http://www.njstatelib.org/wp-content/uploads/2014/05/Trustee-Manual-2015.pdf.

② Board of Trustees[EB/OL]. [2016-07-01]. http://www.michigan.gov/libraryofmichigan/0,2351,7-160-19270_19525—,00.html.

③ Policy on ODL Board Meetings[EB/OL]. [2016-09-12]. http://libraries.ok.gov/wp-content/uploads/board-meeting-policy.pdf.

④ Oregon State Library Board Bylaws[EB/OL]. (2013-04-24)[2016-09-10]. http://www.oregon.gov/osl/Pages/Board-Bylaws.aspx.

共学校系统与公共图书馆系统并列,同时吸纳州学生委员会代表加入理事会[1];密歇根州则吸纳州教育部长、州长委任的高校图书馆馆长和基础教育系统的图书馆馆长作为州图书馆理事会成员[2];华盛顿州任命华盛顿大学信息学院院长为当然委员[3];以及堪萨斯州图书馆理事会与州校董会合作等做法[4],均有利于充分整合和利用州内的教育资源,确保公众能够通过图书馆服务,可持续地利用全州范围内的图书馆与教育信息资源,满足全社会多层次的信息需求。

4. 中间人制度

美国一些州的图书馆理事会制度中还出现了一种特殊的职位,即受雇佣的中间人,他为理事会工作效力,但与理事会其他不受薪的成员不同,该中间人的雇佣期限为一年。如威斯康星州根据《罗伯特议事规则》(*Robert's Rules of Order*),通过签订合同的方式,专门雇佣1名年度项目经理,负责制定理事会会议议程、通知合作伙伴、操办会议、创建会议记录,并在威斯康星州公共图书馆联盟没有选举出主席/理事长和文案秘书的情况下,履行相关职责,确保会议决议能够有效及时地执行[5];而马萨诸塞州的理事会中间人作为理事会主席/理事长任命的联络人,负责联络理事会成员和理事会各内设委员会,用以改善理事会及其成员与内设机构之间的沟通、联系[6]。可见,无论哪种形式的中间人制度,无论其在理事会中发挥了何种作用,不能否认的是,他们都在理事会运作过程中发挥了极其重要的作用。

---

① By-laws of the Hawaii State Board of Education[EB/OL]. (2011-05-17)[2015-03-02]. http://www. hawaiiboe. net/Meetings/Notices/Documents/04-26-11%20GBM/Board%20of%20Education%20Bylaws%20Final. pdf.

② Bylaws of the Library of Michigan Board of Trustees[EB/OL]. [2016-07-02]. http://www. michigan. gov/documents/libraryofmichigan/lm_2014_BoardBylaws04-24-14_466463_7. pdf.

③ Library Council Bylaws[EB/OL]. [2016-10-03]. https://www. sos. wa. gov/library/libraries/dev/council/bylaws. aspx.

④ State Library of Kansas Board[EB/OL]. [2016-01-28]. http://kslib. info/237/Board.

⑤ Wisconsin Public Library Consortium Organization Bylaws[EB/OL]. (2013-09-25)[2016-10-02]. http://www. wplc. info/sites/wplc. info/files/WPLC%20Bylaws%209-13-13. pdf.

⑥ Policy on Board Liaisons[EB/OL]. [2016-07-01]. http://mblc. state. ma. us/mblc/board/policy/liaisons. php.

5. 社区发展制度

美国钢铁大王卡内基对其生前捐助的公共图书馆提出了唯一的要求,即是"图书馆应该成为社区的实际存在",这一要求直接影响了美国图书馆事业的发展[1],美国部分州的图书馆理事会制度对社区发展的特别关注即是对此最好的印证。如新泽西州将公共图书馆定位为实现终身学习的重要社区中心,不仅开展对社区领导的访谈,还将社区关系作为政策制定的重要内容,将满足社区需求作为理事应掌握的重要职能,将社区服务作为理事会工作的重要依据等;还有马萨诸塞州要求各图书馆应根据社区实际规模与需求来提供图书馆服务;西弗吉尼亚州则是对计划设立图书馆的社区给予协助、咨询和建议,并通过选派理事会成员协助工作的形式,帮助建立并管理图书馆[2]。

二、多元共治下的英国公共图书馆理事会制度

英国的公共图书馆事业起步很早,形成了较为完备的法律法规和政策制度体系。在公共图书馆的管理运营方面,英国公共图书馆的理事会制度与其他国家存在一定的差异。通过探究英国公共图书馆理事会制度的发展演变,能够增进对不同国家公共图书馆理事会制度的认知。

(一)公共图书馆理事会制度的名称及其缘起

委员会制度是英国的政治传统,中世纪时就在英国政治生活中占有重要地位,并在很长一段时间内,作为英格兰地方政府的唯一组织形式,被称作"不列颠的生活方式"[3]。与此同时,根据英国议会法律的规定,公共图书馆事业由地方政府设立和管理,委员会制度也因此成为公共图书馆事业的主要管理体制。由于翻译的习惯,图书馆界一般将公共图书馆的委员会制度翻译为理事会制度,本文沿用这种传统。具体而言,英国公共图书馆理事会的名称并不统一,据 1975 年一项覆盖当时整个英国 155 个地方政府的调查显示,公

---

① 阿华.世界各国社区图书馆掠影[J].社区,2005(6):60-62.

② 冯佳.美国各州图书馆理事会制度研究[J].国家图书馆学刊,2017(3):10-20.

③ Harrison,Clement. The Library Committee in the United Kingdom[J]. Library Trends:1962,11(1),Library boards:82-94.

共图书馆的理事会名称多样：其中，92 家的名称含有休闲、康乐或者娱乐等字眼，32 家的名称含有博物馆、艺术或者文化服务等字眼，29 家的名称含有教育的字眼，另外 2 家则是用了一般性的字眼。① 由此可见，英格兰地区公共图书馆的理事会制度是政治传统和政府组织形态共同作用的结果，且采用"理事会"来称呼具体负责公共图书馆事业的组织机构，并不是说该机构的名称中一定含有"理事会"这个名称。②

（二）公共图书馆理事会制度的政治因素

英国公共图书馆理事会制度的演变与地方政府内部结构改革直接相关。布莱尔政府提出了地方政府内部结构的新模式，希望提高政府效率、提升民主水平，主要模式包括：（1）直接市长制，由选民直接选出市长，再由市长任命2 至 9 名议员组成行政机构；（2）议会内阁制，议会全体会议选举产生 1 名行政领导（通常是多数党的领袖），与 2 至 9 名议员组成内阁；（3）修正的委员会制度。地方政府还可以继续保留委员会，但必须经国务大臣批准且必须改革。③ 2010 年，英国政党轮替以来，新政府继续这一政策，不过在称呼上有所变更，三种模式依次被叫作市长制、领导内阁制和委员会制④。这样一来，在法律和行政两个层面，作为委员会制度沿袭下来的公共图书馆理事会制度不再具有唯一性，成为公共图书馆治理的一种可选方式，地方政府可以根据自己的实际需要，安排运用何种方式治理公共图书馆在内的地方性事务。

在此背景下，就使得"不可能在研究诸如图书馆理事会等公共机构的制度时，不谈政治，而是通常将政党政治考虑进来"，也即公共图书馆法人治理

---

① A History of Public Libraries in Great Britain 1845-1975[M]. London：The Library Association，1977：448.

② 曹磊，冯佳.英国公共图书馆理事会法律规定演变——以英格兰地区为例[J/OL].图书馆杂志，(2017-05-02)[2017-12-21]. http://kns. cnki. net/kcms/detail/31. 1108. G2. 20170502. 1719. 018. html.

③ 孙宏伟.英国地方自治体制研究[D].天津：南开大学，2014.

④ Local Government Association. Rethinking Governance Practical Steps for Councils Considering Changes to Their Governance Arrangements[EB/OL]. [2016-4-20]. http://www. local. gov. uk/documents/10180/5854661/Rethinking + governance + - + practical + steps + for + councils + considering + changes + to + their + governance + arrangements/6f1edbeb-dbc7-453f-b8d8-bd7a7cbf3bd3.

结构成为政治因素决定的产物。另根据英国学者的研究,地方政府影响公共图书馆服务的因素可以分为政府内部和政府外部两个层面:内部因素包括精英群体(主要指议员领袖和资深官员)、政党集团、不同党派的关系、专业观点、部门内部的关系、不同部门的关系和议员的选区利益等;外部因素包括公共观念、媒体、利益集团、中央政府、社会结构、经济和人口结构等。① 而处理好公共图书馆与政治的关系,馆长在其中起着至关重要的作用。馆长们在执行政府政策的同时,要从专业角度出发,说服政府成员从专业角度看待图书馆事业的各类问题。馆长要保持对政治的敏感度和直觉性②,使得公共图书馆在发生诸如政党轮替等政局变动的情况下,依旧能够服务社会、向前发展③。

(三) 公共图书馆理事会法律规定的变化

1. 理事会职能日益扩大

英国的《1850 公共图书馆法》(*the Public Libraries Act*,1850)明确图书馆理事会是地方政府的组成部分,根据政府的委托执行相应的职能,其主要职能是管理图书馆建筑。④ 1892 年的修订法对图书馆理事会职能没有给予十分明确的论述,但将其标题命名为"综合管理",说明理事会的职能是在政府委托之下开展的本地区公共图书馆事业的综合管理。由此,公共图书馆理事会的职能不再局限于管理建筑等,其职能范围有了较大的扩展,除制定税率或借款的职能一直未被纳入外,包括管辖公共图书馆方方面面的综合事务都被涵盖其中。

从实际情况看,由于各地选取的公共图书馆治理模式不同,理事会的职

---

① Usherwood,Bob. Local Politics and the Public Library Service[J]. Journal of Librarianship & Information Science,1991,26(2):135-140.

② Crurry,Ann. The Chief Officer/Councillor relationship in British Public Libraries[J]. Journal of Librarianship & Information Science,1994,26(4):211-224.

③ 曹磊,冯佳.英国公共图书馆理事会法律规定演变——以英格兰地区为例[J/OL].图书馆杂志,(2017-05-02)[2017-12-21]. http://kns.cnki.net/kcms/detail/31.1108.G2.20170502.1719.018.html.

④ BRITISH PUBLIC LIBRARIES ACT OF 1850[EB/OL]. [2016-4-20]. http://35540995nhd.weebly.com/the-british-free-public-libraries-act-of-1850.html.

能覆盖范围也都有所差异,据 20 世纪 40 年代的资料显示,公共图书馆理事会在英国被分为三种类型,"执行型"(拥有行动的完全自由)、"报告型"(有行动的自由,但需要向政府汇报)和"建议型"(没有行动的自由,只是向政府提出咨询建议)。① 此外,还有一点要说明的是,公共图书馆理事会并不一定只负责公共图书馆的事务,可能还包括博物馆、美术馆或者其他文化、教育、休闲等机构,这是根据各地方政府的机构设置而定的,这也是理事会名称在英国复杂多样的主要原因。②

2. 理事会组织限制放宽

《1850 公共图书馆法》笼统地指出公共图书馆理事会由政府任命,并未明确其构成成员的条件。一般而言,当时的公共图书馆理事会成员都是政府官员。1892 年,公共图书馆修订法案中对理事会成员的构成做了规定,在确定理事会成员由政府指定和任命的同时,明确成员不仅限于政府组成人员,非政府官员也可以进入理事会。③ 1919 年,随着英格兰农村地区公共图书馆事业获得了法定地位,农村地区的教育委员会被法律规定为当地的图书馆理事会,为配合这一修正,公共图书馆法案对理事会成员构成等内容也进行了论述。④ 从 1933 年开始,有关理事会制度的内容不再由公共图书馆法案规定,而是由地方政府法案规定,其中,第 85 条就理事会的地位、成员的构成进行了规定,明确理事会中至少有三分之二的成员必须是政府官员。1972 年,地方政府法案取消了关于理事会成员的规定,将确定理事会成员条件的权利交给了地方政府,由地方政府自行决定。如此一来,理事会成员不再有统一的规定,成为各地方政府的自主事务。

---

① Hewitt,H. A. A Summary of Public Library Law in England and Wales, Scotland, Northern Ireland and Eire[M]. Luton and London:Association of Assistant Librarians,1947:17.

② 曹磊,冯佳.英国公共图书馆理事会法律规定演变——以英格兰地区为例[J/OL].图书馆杂志,(2017-05-02)[2017-12-21]. http://kns. cnki. net/kcms/detail/31. 1108. G2. 20170502. 1719. 018. html.

③ Fovargue, Henry West. Public Library Legislation[M]. London:Simpkin, Marshall, Hamilton, Kent & co. , 1893:19-20.

④ Hewitt, H. A. A Summary of Public Library Law in England and Wales, Scotland, Northern Ireland and Eire[M]. Luton and London:Association of Assistant Librarians, 1947:15.

公共图书馆理事会组成结构方面,在1972年地方政府法案出台之前并没有明确规定。而在实践领域,很多图书馆理事会都设立了下属委员会来处理不同方面的事务。1972年,地方政府法案颁布,其第102条第2款规定,理事会有权设置下属委员会或任命官员以执行其职权。根据这一规定,图书馆理事会可以选择两种方式组织其内部结构,这为理事会开展工作赋予了一定的主动与自由。①

3. 理事会主管法律变更

对英国公共图书馆理事会制度法律规定的演变进行梳理不难发现,规定理事会制度的法律由公共图书馆法案转变为了地方政府法案,这表明公共图书馆理事会制度从行业领域的专业特别法演变成为社会大众广泛认可的一般法,被业界和社会逐步接受。

从法律形式看,有关规定日益严整。《1850公共图书馆法》中有关理事会的规定条文逻辑性并不紧密,关系也较为松散。此后1892年的公共图书馆法案对1850年法案相关规定进行了全面扩充,并在明确理事会与政府关系的同时,还就理事会的构成做出了明确规定,在法律结构、逻辑性上更加通顺。到了由地方政府法案规定公共图书馆理事会时期,理事会制度不再仅仅局限于公共图书馆事业的管理形式,而是整个英格兰地区地方政府的主要管理制度或者是结构状态,其相关规定基本在后期得以延续并进一步扩充。

从责任主体看,地方政府的职责日益突出。从1850年到1972年,各部法律中提及的法律责任主体均为"图书馆当局",除1892年公共图书馆法案曾规定按照政府委托的程度,可以将图书馆理事会看作是"图书馆当局"外,现行的1972年地方政府法案与1964年公共图书馆法案均共同明确了"图书馆当局"即是地方政府,这就全面落实了地方政府负责建设、发展公共图书馆事业的职责与权力,强化了地方政府对公共图书馆及其理事会的主体责任。

此外,由于英格兰地区地方政府类型不断缩减,逐步统一,与此相应,公

---

① 曹磊,冯佳.英国公共图书馆理事会法律规定演变——以英格兰地区为例[J/OL].图书馆杂志,(2017-05-02)[2017-12-21]. http://kns.cnki.net/kcms/detail/31.1108.G2.20170502.1719.018.html.

共图书馆理事会制度也开始不断简化和合并,这也成为英国公共图书馆的一个治理特色。①

三、"以国家为中心"的德国国家图书馆理事会制度

德国与英、美等国家在管理途径上有所差异,其所追求的对内部结构、对官僚制度的调整在公共管理改革中也体现出来。② 德国是一个松散的联邦制国家,且是公法人制度的缘起地,德国文化政策的原则具有联邦制度模式的分权性、辅助性和多重性。但与英、美等国家高度自由主义市场化的文化政策有所不同,德国文化政策更多体现的是国家对文化的管理、控制和引导。一方面,政府为防止公共利益受到侵害,达到控制和监督的目的,要求理事会中要有政府选派的代表,并划定理事会的权责范围,监视其运行,理事会要对政府负责。另一方面,政府为了保持理事会的独立性,虽然其代表来自政府选派,但不完全是政府官员,而是根据专业技能和代表原则遴选出来的,并且理事会大多采取绩效考核、预算审批以及决策公开等方式来增加公益服务机构决策的问责力度和透明度。政府较少干预其具体的管理和运行。③

(一) 德国国家图书馆及其行政理事会的法律保障

由于一直以来的联邦制,在图书馆事业管理体制上,根据德国基本法,各州在文化上享有高度的自治权,联邦政府对图书馆事业没有很大的管辖权。联邦文化与传媒部中的有关部门对德国图书馆事业起着总的协调和咨询作用。统一后的德国,通过联合计划统一了几个国家性质的图书馆,包括莱比锡国家图书馆(the Deutsche Bücherei)、法兰克福国家图书馆(the Deutsche Bibliothek)和德国音乐档案馆(the German Music Archive),建立了德意志国家图书馆,也称为德国国家图书馆(the Deutsche Nationalbibliothek),并作为

---

① 曹磊,冯佳.英国公共图书馆理事会法律规定演变——以英格兰地区为例[J/OL].图书馆杂志,(2017-05-02)[2017-12-21]. http://kns. cnki. net/kcms/detail/31. 1108. G2. 20170502. 1719. 018. html.
② (德)沃尔曼等.比较英德公共部门改革[M].王锋等,译.北京:北京大学出版社,2004:190-196.
③ 蒋永福. 论公共图书馆法人治理结构[J]. 图书馆学研究, 2011 (001):40-45.

联邦德国的国家图书馆,隶属于联邦政府,承担着从 1913 年以来所有德语出版书籍的保存工作,并负责制定德国国家书目。① 此后,由德国联邦议会通过、2006 年 6 月 22 日生效的《德国国家图书馆法案》(*Draft Law regarding the Deutsche Nationalbibliothek*,DNBG)规定,德国国家图书馆是具有公法法律行为能力的联邦机构。此法案将图书馆纳入到联邦机构体系中,规定了德国国家图书馆的法律地位、职能、权力、媒体工作、规章、使用、收费条例、组织机构、行政理事会、馆长、顾问委员会、行政行为合法性的监督、馆员、预算、账户审计、法定存款储备金要求、补贴、行政罚款、授权立法、有效期等与德国国家图书馆法人治理方面相关的需要规定的内容②,赋予了德国国家图书馆广泛的自主权,并规定其受联邦政府文化传媒部门管辖。

德意志国家图书馆行政理事会(the Administrative Council)是图书馆的最高管理机构,并作为相关领域不同利益者共同参与公共图书馆决策和监督的制度平台,坚持任何利益方都不占优的原则,其人员构成上也一般都是尽量吸收各方面的代表参加,防止任何一方垄断理事会的决策权。具体而言,德意志国家图书馆行政理事会由 13 名成员组成,并拥有 2 名议会议员,其他还包括政府部门、专业人士、城市代表等。③《德国国家图书馆法案》中规定,图书馆应制定自己的章程,并由行政理事会四分之三以上成员通过;章程应该获得负责文化的最高联邦当局文化传媒部的批准,并公布在联邦公报上;图书馆的馆藏应该对公众开放,并通过行政理事会在图书馆章程中做出明确规定;增加利用馆藏和图书馆服务应收取的额外费用,并通过收费表来规定具体细节,收费表由行政理事会通过,还须经负责文化和传媒的最高联邦当局批准;等等。④

① Deutsche Nationalbibliothek. History[EB/OL]. (2014-04-22)[2016-07-31]. http://www. dnb. de/EN/Wir/Geschichte/geschichte_node. html.

② 蒋永福. 论公共图书馆法人治理结构[J]. 图书馆学研究,2011 (001):40-45.

③ 关思思. 德国国家图书馆理事会概述[J]. 新世纪图书馆,2017(8):75-78.

④ Deutsche Nationalbibliothek. Draft Law regarding the Deutsche Nationalbibliothek (DNBG)[EB/OL]. (2016-05-17)[2016-07-31]. http://www. dnb. de/SharedDocs/Downloads/EN/DNB/wir/dnbg. pdf? __blob = publicationFile.

（二）行政理事会的组织及职责

《德国国家图书馆法案》第6条规定,行政理事会须由13名成员组成,其中包括德国联邦议院委派2人,德国联邦政府委派3人(其中至少2人来自德国管理文化和传媒的最高联邦当局),德国图书贸易协会应委派3人,德国研究基金会(the Deutsche Forschungsgemeinschaft)、德国音乐出版商协会(the Deutscher Musikverlegerverband)、国际唱片业联合会德国唱片业协会(the Bundesverband der Phonographischen Wirtschaft)以及法兰克福和莱比锡市政府各委派代表1人。这些成员的构成是固定的,但具体人员则要求每次换届需指定新的成员。在行政理事会中,主席/理事长是最高行政权威的代表。理事会主席/理事长必须由德国联邦政府委派,并由来自文化和传媒最高联邦当局的理事会成员担任。理事会通过召开会议来讨论图书馆的重大问题,理事会有权确定每次会议召开的时间、地点及议程内容等,常务理事则根据需要不定期召开会议。会议应当由7个以上的成员出席才为法定有效,并采用"少数服从多数"的投票表决决策方式,主席/理事长的投票具有决定性。

行政理事会负责对德国国家图书馆所有基本和重要的问题进行决策,包括颁布章程、通过审计发布审批报告、发布规则和使用限制条件、制定收费条例以及馆藏收集准则等等。行政理事会也负责决定一切图书馆及其发展的重大经济问题,确定预算、规定馆长在图书馆账户审计和制定计划条例上应履行的责任,并监督图书馆发挥其功能。行政理事会的主席/理事长虽然是图书馆的最高行政权威,但他在具体的管理事务上将权力移交给图书馆馆长。①

此外,由于国家图书馆各个隶属图书馆在专业和主要职能上有所差异,国家图书馆行政理事会很难对其进行全面管理。为满足高度专业化的需求,全面入藏各个领域的国内外文献资料,图书馆行政理事会下设图书馆咨询委员会,其主要职能是为理事会决策及图书馆业务提供专业上的咨询服务,通

---

① Deutsche Nationalbibliothek. The Administrative Council[EB/OL]. (2015-07-20)[2016-07-31]. http://www.dnb.de/EN/Wir/Organe/organe_node.html.

过专家委员会来进行专业咨询、信息收集，以及了解各个图书馆的具体情况和读者需求，增加图书馆与读者之间的沟通和信任。在日常工作中，图书馆行政理事会严格规范这种专家制度的正当性及必要性。

从德国国家图书馆法人治理结构的组织架构及具体职责来看，行政理事会既要履行公共任务，又要避免因为承担公共任务而成为政府的政治工具。这样的组织形式既可以保持公益性事业机构管理的独立性，防止过度政治化，避免国家过多政治性的干扰，免除因政府压力而导致的政治风险，又为政府减轻了过分干预的舆论压力。①

（三）咨询委员会制度

《德国国家图书馆法案》第 8 条中规定，德意志国家图书馆咨询委员会给予行政理事会重要建议并提出新计划。该咨询委员会由来自图书馆和信息科学、出版业和图书贸易等领域的多达 12 名专家组成，且其中一半的 6 名成员应在德国图书贸易协会的建议下任命。图书馆咨询委员会的主要工作包括：提供图书馆的业务咨询和可靠性研究，包括馆藏扩充、国家书目编制、数字图书馆建设、版权保护、标准化建设、人员培训、业务审查、蓝图规划、现代化技术的应用等。咨询委员会还协调各个图书馆之间，以及图书馆与专业行业之间的关系，促进合作。而作为德国国家图书馆咨询委员会在音乐档案馆设立的一个分支咨询委员会，德国国家图书馆音乐档案咨询委员会（the Advisory Committee for the Deutsches Musikarchiv）对有关德国音乐档案（德国音乐档案馆）方面的具体事务、问题、计划向行政理事会和馆长提出建议，其组成成员由音乐和图书馆档案系统、音乐出版业和音乐唱片业等领域的 12 名专家组成。音乐档案咨询委员会的 3 名成员由德国音乐出版商协会建议任命，3 名由国际唱片业联合会德国唱片业协会建议提名。

由此可以看出，行政理事会对图书馆进行决策管理，而咨询委员会的职能是协调、参与具体操作，更注重于对图书馆业务的推动，保障行政理事会决

---

① 关思思.德国国家图书馆理事会概述[J].新世纪图书馆,2017(8)：75-78.

策的科学合理性。①

（四）政府、行政理事会与图书馆的关系

《德国民法典》中将公法人分为公法社团、公营造物（机构）和公法财团。公营造物（机构）是指为了履行一定的行政管理职能，由人和物有组织地结合起来所组成的公法人，德国国家图书馆即是此类。与公法财团相比，公营造物最大的特点就是要受其设立人持续不断的影响和支配②。因此，德国国家图书馆是一个具有公法法律行为能力的联邦机构，应该由德意志联邦共和国联邦政府文化和传媒部门管辖。③ 也因此，联邦政府负责承担图书馆的经费，提供图书馆的预算资金，国家文化与传媒部每年为国家图书馆制定的资金预算约为 4 600 万欧元。当前，由于德国经济不景气给政府带来了较大的压力，为使经费来源多样化，图书馆也接受"图书馆之友"及其他一些组织的资助，并且政府允许图书馆通过科技咨询等方式进行创收，用于补充图书馆的日常开支，且对其创收服务免除增值税。但另一方面，法律又明确规定了联邦政府和其他组织资助图书馆的资金仅可用于法定目的，限制了图书馆的收费服务范围。④

德国负责文化和媒体的最高联邦权力机构要监督图书馆行政行为的合法性，包括对图书馆的预算、现金管理、会计系统、账目呈报和审计等方面进行监督。图书馆行政理事会作为图书馆决策机构，有三分之二以上的成员意见一致的话，就有权利决定对承担图书馆账目预算和审计责任的馆长进行任免。预算方面的行政决策，必须获得行政理事会中德国联邦政府代表的批准，同时也要得到理事会德国最高联邦当局文化和媒体专员的批准方可执行。⑤

---

① 关思思. 德国国家图书馆理事会概述[J]. 新世纪图书馆，2017(8)：75-78.
② 周友军. 德国民法上的公法人制度研究[J]. 法学家，2007(4)：140-147.
③ Kulturportal Deutschland. Kulturpolitik[EB/OL].（2015-12-11）[2016-07-31]. http://www. kulturportal-deutschland. de.
④ Deutsche Nationalbibliothek. Donators[EB/OL].（2015-11-25）[2016-07-31]. http://www. dnb. de/EN/Header/Foerderer/foerderer_node. html.
⑤ 关思思. 德国国家图书馆理事会概述[J]. 新世纪图书馆，2017(8)：75-78.

四、法定非强制的日本公共图书馆协议会制度

第二次世界大战后,美国接管日本后逐步对其开展民主改造,其中也包括对公共图书馆事业的改造。1950 年,日本制定出台的《图书馆法》(図書館法)是这一改造最为重要的成果,奠定了战后日本图书馆事业的基础。《图书馆法》大都参照美国公共图书馆事业制定而成,规定了日本公共图书馆的众多制度,但受当时社会环境、日本图书馆发展历史等因素影响,这些制度有其独特性。协议会制度作为图书馆治理的新制度,亦是受美国图书馆理事会制度影响的产物[①]。目前,日本现行的《图书馆法》为 2011 年 12 日 14 日修订完成版[②]。

(一) 现行相关法定政策

目前,日本国家层面关于图书馆协议会制度的规定集中于《图书馆法》及相关配套文件中。《图书馆法》在已经经历的 20 次修正中,有 19 次均为相关法律变动而进行的修正。其中,关于协议会制度的规定,是在 2008 年的修正中发生了变动,即在以往第 15 条规定的委员从学校教育、社会教育的推行者及具有这两个领域学识经验的人士中进行选择,增加了家庭教育这一领域,扩大了协议会成员的来源范围。[③] 由此,现行日本《图书馆法》的第 14、15 和 16 条共同确定了图书馆协议会制度的基本框架。第 14 条就图书馆协议会的职能进行了阐述,明确公立图书馆可以设置协议会,协议会的定位是咨询机构,其职能是就图书馆运营的状况为馆长提供咨询意见。第 15 条规定协议会委员由本地教育委员会任命。第 16 条明确地方政府图书馆条例必须要有关于协议会的内容,主要是关于协议会设置以及委员任命标准、人数、任期和其他必要的内容,委员的任命标准可以参考文部科学省的相关标准制定。[④]

---

① 曹磊.日本公共图书馆协议会制度概述[J].图书馆理论与实践,2016(8):68-72.
② 卢海燕.国外图书馆法律选编[M].北京:知识产权出版社,2014:88-92.
③ 【法令沿革一览】图書館法 [EB/OL].[2015-4-21]. http://hourei.ndl.go.jp/SearchSys/viewEnkaku.do? i=Wfvv7TnXxosLD1h1q8nwqw%3d%3d.
④ 图書館法[EB/OL].[2015-04-21]. http://law.e-gov.go.jp/htmldata/S25/S25HO118.html.

作为《图书馆法》配套规则的《图书馆法施行规则》(図書館法施行規則)，其第 12 条规定,协议会委员的任命标准——委员应当从学校教育、社会教育和家庭教育的实践者和具有这些方面学识经验的人士当中进行选择。①《图书馆设置及运营的期望标准》(図書館の設置及び運営上の望ましい基準)则作为日本公共图书馆运营标准的基本大纲,在阐述市町村立图书馆(日本基层公共图书馆)管理运营的部分时,明确提出图书馆协议会要符合本地实际情况、反映利用者和居民的呼声,协议会的组成人员也要符合法律法规的规定,充分选用多样化的人才。②

(二) 公共图书馆协议会实施现状

日本公共图书馆的协议会制度推出近 70 年,其实施情况是一个值得探讨的问题。由于日本《图书馆法》不具有强制性,其第 14 条采用了"公立图书馆可以设置图书馆协议会"的字眼,并未提出强制要求,也即可以设置也可以不设置,这就使得协议会的设置与公共图书馆的设置一样,都由地方政府自行判断,影响了公共图书馆协议会的设置率,这一点在日本图书馆协会和日本文部科学省的社会教育调查等权威调查中也得到了验证。日本图书馆协会关于协议会的调查次数较少③,而文部科学省的社会教育调查则每三年举行一次,结果更具有连续性。本书以社会教育调查的数据为基础发现,日本公共图书馆协议会的设置率较为平稳(见表 2-1),且日本的都道府县图书馆基本都设置了协议会,市(区)图书馆设置协议会的比例也较高,町村图书馆设置协议会的比例则较低。④

---

① 図書館法施行規則(昭和二十五年九月六日文部省令第二十七号)[EB/OL]. [2015-04-21]. http://law.e-gov.go.jp/cgi-bin/idxselect.cgi? IDX_OPT = 1&H_NAME = %90%7d%8f%91% 8a%d9%96%40% 8e% 7b% 8d% 73% 8b% 4b% 91% a5&H_NAME_YOMI = % 82% a0&H_NO_ GENGO = H&H_NO_YEAR = &H_NO_TYPE = 2&H_NO_NO = &H_FILE_NAME = S25F03501000027&H_RYAKU = 1&H_CTG = 1&H_YOMI_GUN = 1&H_CTG_GUN = 1.
② 図書館の設置及び運営上の望ましい基準(平成 24 年 12 月 19 日文部科学省告示第 172 号)[EB/ OL]. [2015-4-21]. http://www.mext.go.jp/a_menu/01_1/08052911/1282451.htm.
③ 调查仅在 1985 年、2000 年、2006 年举行过三次。
④ 社会教育调查[EB/OL]. [2015-4-21]. http://www.e-stat.go.jp/SG1/estat/NewList.do? tid = 000001017254.

表 2-1　日本公共图书馆协议会设置情况一览表

内容＼年份	1999	2002	2005	2008	2011	2014
设置	1 562	1 697	1 833	1 937	2 049	2 219
总数	2 592	2 742	2 979	3 165	3 274	3 331
设置率	60.3%	61.9%	61.5%	61.2%	62.6%	66.6%

鉴于文部科学省的调查较为简略,日本筑波大学图书馆情报学科的平山阳菜在 2012 年对日本公共图书馆协议会制度的具体运行状况进行了较为翔实的调查。平山向日本 1 349 家公立图书馆寄送了调查问卷,问卷内容涉及 10 个方面、49 个分项。调查共回收 754 份有效问卷,有效率为 55.9%。根据调查结果,平山就以下内容进行了详细的阐述①:

（1）在设置率方面,主要考察了不同规模图书馆的协议会设置率。调查发现藏书量 5 万册到 50 万册之间的公共图书馆设置协议会的比例最高,馆藏少于 5 万册或是多于 50 万册的公共图书馆,协议会的设置率则偏低。

（2）在协议会构成、运营方面,重要考察了委员的任期、人数和活动开展次数。绝大部分公共图书馆协议会的委员任期是 2 年,一般允许连任。协议会委员的平均数量是 9.15 人。协议会平均每年召开的次数是 2.27 次。

（3）在委员个人情况方面,主要考察了委员性别比例、专业来源和年龄等问题。调查结果显示,协议会委员的男女性别比例基本持平。在委员的专业选择上,基本都参照《图书馆法》第 16 条的规定,从学校教育、社会教育和家庭教育领域的相关人士中选择。都道府县图书馆协议会的委员中,具有学识经验(指的是校长、大学教授等专业人士)人士的比例较其他类型协议会的比例为高。在委员的年龄方面,超过 80%的委员年龄都在 50 岁以上,中青年的比例很低。

（4）在协议会的信息公开状况方面,主要考察了委员是否公开招募、是否允许旁听会议和是否公开协议会资料等问题。调查显示 27.6%的图书馆采

① 平山陽菜. 日本の図書館協議会に関する総合的な研究[D]. 東京都：筑波大学図書館情報メディア研究科,2013：78-136.

用公开招募的方式选拔协议会成员，与 1985 年 1.7% 的比例相比，提升幅度相当大。公开招募的方式主要是书面审查和面试两种。允许民众旁听协议会会议的比例为 50.5%。采用公开招募方式产生委员的图书馆一般也会允许民众旁听会议，两者成正相关的关系。大约 60% 的图书馆在网站上公开协议会的相关资料，公开比例由高到低依次是与协议会相关法规、协议会成员的名单和会议记录。

（5）在协议会的经费方面，主要考察了委员是否有酬劳、酬劳的价值等问题。调查显示，基本上所有的图书馆都会向协议会委员发放一定数量的酬劳，包括交通费，酬劳的平均数值是 14.7 万日元（约合七八千人民币）。一般而言，协议会的经费数量比较大的原因主要是协议会委员数量较多或者协议会开展活动的次数较多。

（6）在协议会的审议主题方面，调查发现，排在协议会会议主题前三位的分别是图书馆的运营计划和成效、预算和决算、阅读推广活动计划。

（7）在除民众参与图书馆运营的其他服务形式方面，大部分图书馆均未设置利用者恳谈会，大约四分之一的图书馆有"图书馆之友"协会。

平山还进一步将自己的调查数据与日本图书馆协会 2000 年与 2006 年的调查数据做了对比，共得出 7 个方面共 19 条关于日本公共图书馆协议会制度运营实际状况的结论（见表 2-2），以期推动协议会制度的改进和提升，让协议会起到民众与图书馆之间沟通桥梁的作用[①]。

表 2-2　平山阳菜 2012 年图书馆协议会调查结论一览表

序列	项目	结论
1	设置率	协议会设置率基本保持稳定，在地区合并、建设新馆等情况下，协议会设置率保持提升
		中型公共图书馆的协议会设置率最高
		没有设置协议会的首要原因是已经有了社会教育类的审议组织（职能包括审议图书馆的相关主题），接下来是缺乏人才和经费

① 平山阳菜. 日本の図書館協議会に関する総合的な研究[D]. 筑波大学図書館情報メディア研究科，2013：141-148.

(续表)

序列	项目	结论
2	协议会构成、运营	一般协议会委员任期是 2 年,数量为 10 名,一年召开 2 次会议
		协议会的委员数量、会议数量和协议会经费开支正相关
		中型图书馆协议会的运营最为活跃
		各个不同图书馆协议会之间没有形成联系网络
3	委员个人情况	与其他类型的审议会相比,图书馆协议会委员的女性比例较高
		都道府县图书馆的专业人才比例较高,市町村图书馆较为均衡
		协议会委员基本上都是 50 岁以上的人士
4	信息公开	公开招募比例提高,都道府县的实行率高但公募委员比例低,町村的实行率低但公募委员比例高
		不实行公开招募的主要原因是没有相关的规定,其次是实施问题
		信息公开的最主要方式是允许旁听,都道府县的实施率最高,町村的最低
		实施公开招募与允许旁听正相关,协议会的信息公开程度与地方政府的信息公开程度有密切关系
5	经费	协议会委员一般都有酬劳
		不同图书馆协议会之间的经费差别较大
6	审议主题	近几年协议会关心的主题是业务委托、指定管理者制度等内容,大都按照协议会的决定执行
		协议会的审议主题与欧美图书馆理事会的审查内容不同
7	民众参与的其他形式	图书馆协议会与利用者恳谈会和"图书馆之友"协会无明显相关关系,后两者正相关

（三）协议会制度的发展方向

对于协议会制度今后如何更好地运营,平山根据研究的结果,提出两方面的意见。一是要强化协议会的实际运营成效。重点是提升目前协议会的构成、运营方式,即协议会每年召开 4 次会议,形成不同图书馆协议会之间的交流沟通网络;提升委员的整体素质,提高中青年委员所占的比例,增加具有专业知识人士的比例;加强信息公开的力度,采用公开招募的形式选拔委员,进一步促进旁听和资料的公开。二是国家和地方需要进行法规政策调整。一方面,要从图书馆事业相关法律法规入手,改变目前粗线条的规定,为图书馆协议会制度制定基本的规范和标准。另一方面,考虑到目前日本强化地方自治的改革趋势,国家在协议会制度标准化发展的同时,也要调动地方政府的积极性,允许地方因地制宜地发展协议会制度。①

日本大学的平野英俊教授认为,有必要对图书馆协议会的运营进行评价,掌握实际情况,并在此基础上,通过构建同行交流的机制促进协议会制度的良性运转。② 具体来说,就是依靠信息公开和经验共享,各个图书馆协议会向社会公开会议记录、年度报告等资料,将这些反映协议会活动实际状况的资料积累起来进行研究,形成图书馆界共享的案例和经验,促进协议会制度不断发展。

筑波大学的药袋秀树教授从多个角度探讨了促进协议会发展的具体方法,提出图书馆协议会需要图书馆和社会力量共同合作才能得以提升、进步。③ 在协议会的构成上面,他指出应当适当减少委员的数量,委员在平时也要加强对图书馆的关注。在协议会的运营方式上,他认为每年应当召开 3 次会议,会议要进行充分地讨论和辩论,并为提高会议的质量,要为委员提供详细充分的资料。在图书馆与委员的互动方面,他提出图书馆要强化与委员之间的交流,适时举行参观、交流活动,安排委员与馆员的座谈会。

综合以上信息,图书馆协议会制度要良性运转、不断发展,需要外部和内部多种因素的共同作用。在外部,协议会制度的发展离不开各级政府的政策法规以及行业间的相互交流合作等环境因素。在内部,协议会运营方式、活动开展方式、委员产生机制、委员个人素质要求、图书馆与委员之间的互动、信息公开状况等具体的要素都对协议会制度是否有成效起制约因素④。

---

① 平山陽菜.日本の図書館協議会に関する総合的研究[D]. 筑波大学図書館情報メディア研究科,2013:149-150.
② 薬袋秀樹.図書館協議会の可能性:草の根からの図書館振興[J]. 社会教育,2012,6(6):24-25.
③ 薬袋秀樹.図書館協議会の可能性:草の根からの図書館振興[J]. 社会教育,2012,6(6):24-25.
④ 曹磊.日本公共图书馆协议会制度概述[J].图书馆理论与实践,2016(8):68-72.

第二节　国外公共图书馆理事会的类型

当前,美国、英国、德国、日本等为代表的国外不同类型的公共图书馆理事会制度,按照其承担的具体职能,大致可以分为如下几类①。

一、议事决策

议事决策型的公共图书馆理事会制度,是在确保公共图书馆独立法人地位的前提下,由理事会成员之间就公共图书馆治理的重要议题开展博弈,最终做出得到理事会多数成员赞成的集体共享决议。美国十多个州的公共图书馆理事会均为此种类型。为避免理事会决策意见有失公允、出现偏颇,保障理事会的最终决策具有相对独立性,阿肯色州的图书馆理事会特别要求7名理事中最多有3名理事来自州层面,其他理事则要来自州内四个不同的选区,且不能有2名及其以上的理事会成员来自同一个选区,以强调区域间的平衡与公正②;印第安纳州图书馆与历史理事会则为了各理事能够拥有各自的立场,规定5名成员中的1名由州教育部推荐、1名由州图书馆理事协会推荐、1名由州历史协会推荐、1名由州图书馆联盟推荐,还有1名由州长直接委任③,保证了理事会成员由各利益相关方代表组成。

二、决策监督

决策监督型的公共图书馆理事会制度,不仅有议事决策的职能,还有监督管理的职能,确保图书馆对各项决议能够有效执行、高效工作。德国图书

---

① 冯佳. 美国俄亥俄州图书馆理事会制度[J]. 国家图书馆学刊,2014 (3): 47-52.

② Arkansas Public Library Laws Annotated 2013-2014 Edition[EB/OL]. [2015-03-02]. http://www. library. arkansas. gov/servicesFor/Documents/Arkansas% 20Public% 20Library% 20Laws% 20Annotated%202013-2014%20Edition. pdf.

③ IC 4-23-7 Chapter7 Indiana Library and Historical Department[EB/OL]. [2015-03-04]. https://iga. in. gov/legislative/laws/2014/ic/titles/004/.

馆行政理事会制度是典型的采用各利益相关方共同参与公共图书馆决策和监督的治理方式,还有包括开创美国公共图书馆理事会制度先河的波士顿图书馆理事会和康涅狄格等多个州的公共图书馆理事会均为此种类型。在咨询决策基础上,德国国家图书馆行政理事会主要负责监督图书馆功能的发挥,美国的波士顿市公共图书馆理事会通过设立财政与审计委员会履行制定与监督图书馆财政政策的职能①,《夏威夷修正法案》(*Hawaii Revised Statutes*)中明确规定了夏威夷州图书馆理事会有权任命并监督、评审学校校长和图书馆馆长②,爱荷华州图书馆理事会对州图书馆服务部的履职情况进行监管③,威斯康星州公共图书馆理事会则通过设立专门的数字图书馆指导委员会对州公共图书馆联盟的数字图书馆项目进行监督等④。

三、咨询建议

咨询建议型的公共图书馆理事会制度,是将理事会成员的观点进行讨论分享,并在协商一致的前提下,为公共图书馆的发展规划、运营管理等各项工作提供富有建设性、可行性、针对性的意见,最终根据法定隶属关系,由当地政府或公共图书馆行使决策权。日本公共图书馆协议会制度以及美国近20个州的图书馆理事会都属此种治理类型,主要是为提升图书馆服务品质、提高图书馆工作效能、促进图书馆更好地开展日常工作建言献策⑤。不过虽同为咨询建议型图书馆理事会,各理事会在咨询客体以及咨询建议权限方面都有所差异,日本的公共图书馆协议会较为普遍地作为向馆长提供运营咨询建议的机构而存在,而美国的堪萨斯州图书馆理事会为馆长制定政策、图书馆

---

① 冯佳.波士顿市公共图书馆理事会制度[J].图书与情报,2014(2):14-16.
② Functions of the Board[EB/OL].[2015-03-02].http://www.hawaiiboe.net/About/Pages/Functions.aspx.
③ Iowa Commission of Libraries[EB/OL].[2015-03-03].http://www.statelibraryofiowa.org/about/gov/index.
④ Wisconsin Public Library Consortium Organization Bylaws[EB/OL].(2013-09-25)[2016-10-02].http://www.wplc.info/sites/wplc.info/files/WPLC%20Bylaws%209-13-13.pdf.
⑤ 陈懋.公共图书馆法人治理结构探析——以美国弗吉尼亚州公共图书馆理事会为例[J].图书馆杂志,2015(9):43-48.

管理运营和战略规划提供建议①,北达科他州图书馆理事会不仅向馆长提供图书馆发展、管理各项相关政策的建议,还帮助建立、宣传和维护州内公共图书馆标准及各种项目评估②,密歇根州图书馆理事会则是向州图书馆和州教育部门提供图书馆发展各项咨询建议,并向州教育部门推荐图书馆馆长人选等③。

四、联合治理

当前,联合治理型公共图书馆理事会制度在国际上主要有两种不同的呈现方式:一种是通过设立不同功能的理事会,形成共同协作的理事会联合体,在充分彰显各自领域专长的基础上,完成对公共图书馆的多职能联合全面治理;另一种是通过签订协议等方式,建立相邻区域不同公共图书馆间的联合统一治理,即由一个理事会治理两个或两个以上的中小型公共图书馆,确保区域间的统筹协调。前者主要以美国的肯塔基州和得克萨斯州图书馆理事会为代表,如得克萨斯州图书馆与档案馆理事会作为官方治理机构,与该州的州历史记录咨询理事会、档案管理机构协调理事会、图书馆系统法案咨询理事会、TexShare 咨询理事会等治理机构协同合作④,共同履行图书馆与档案馆相关领域的决策监督、咨询建议等职能⑤。后者则主要是以加拿大不列颠哥伦比亚省为代表,该省现行的《图书馆法》规定,两个或两个以上的市(县)图书馆形成了服务区域,由一个区域图书馆理事会对其进行统一管理。⑥

---

① State Library of Kansas Board[EB/OL]. [2016-01-28]. http://kslib. info/237/Board.

② North Dakota Library Coordinating Council Bylaws[EB/OL]. (2015-11-02)[2016-09-10]. http://www. library. nd. gov/council/councilbylaws. pdf.

③ Bylaws of the Library of Michigan Board of Trustees[EB/OL]. [2016-07-02]. http://www. michigan. gov/documents/libraryofmichigan/lm_2014_BoardBylaws04-24-14_466463_7. pdf.

④ Advisory Boards[EB/OL]. (2013-12-30)[2016-09-10]. https://www. tsl. texas. gov/agency/advisories. html.

⑤ About Our Commission [EB/OL]. [2016-09-29]. https://www. tsl. texas. gov/agency/commission/index. html.

⑥ Library Act[RSBC 1996] Chapter 264[EB/OL]. [2017-12-28]. http://www. canlii. org/en/bc/laws/stat/rsbc-1996-c-264/latest/rsbc-1996-c-264. html.

五、其他

除上述特点鲜明的理事会制度外,还有诸如美国那些已经被虚拟图书馆或数字图书馆取代的州或地方的实体图书馆,尽管它们不再需要专门的治理机构,但作为区域总馆,仍坚持履行为所辖区域内实体图书馆理事会提供制度指导的职能。还有像英国的公共图书馆法人治理结构,作为政治因素决定的产物,地方政府可以根据自己的实际需要,安排运用何种方式治理公共图书馆在内的地方性事务,理事会制度作为备选项之一,随政府类型逐步统一而不断简化合并,形成了自身与众不同的特点。

第三节　对我国的启示

2017 年 9 月,中宣部、原文化部等 7 部门联合印发《关于深入推进公共文化机构法人治理结构改革的实施方案》,明确了 2017 年至 2018 年为推进公共文化机构法人治理结构改革的试点阶段,2019 年至 2020 年为改革的深入实施阶段。结合文件精神,我国公共图书馆理事会制度眼下正处于试点探索并向深入实施过渡的阶段,关注国外各种类型的公共图书馆理事会制度,对于我国公共图书馆法人治理水平的提高,具有一定的借鉴意义和现实价值。

一、制度规范深厉浅揭

新制度经济学认为,在经济治理中,制度环境对于微观主体的结构和行为有着重要影响,对于企业的生产经营活动尤为重要。[①] 来源于企业法人治理结构的公共图书馆理事会制度,其制度作为对公共图书馆治理有着深远影响的变量。无论是个人还是组织,每一步的发展都必然受制度环境直接或间接的影响,无时无刻闪现着制度的重要性。

---

① 乔洪武,李新鹏.有限理性的人如何实现符合经济正义的利益追求——威廉姆森的经济伦理思想探析[J].武汉大学学报(哲学社会科学版).2015,67(6):48-56.

（一）横向：屡次修订

任何一种制度从来都不是单独存在的，必然与制度体系内的其他系统相联系、相适应且共同发挥作用，作为一种博弈规则，当整个社会制度系统中的某种制度发生变化时，其他的制度也必然需要做出相应的调整。作为参与经济社会活动主体之一的公共图书馆理事会，也必然根据公共图书馆所处的社会发展大环境及可能出现的不断调整的政策法规等环境趋势做出准确预案与反应。英、美、德、日等国的公共图书馆理事会制度从建立之日起，无不随着时间变迁，伴着政治、经济、社会环境的发展变化历经了数次修订，内容不断调整、优化，涉及理事会职能定位、组织构成等治理工作的各个方面。但应该注意的是，在向最优制度逼近的过程中，可能会耗费较长的时间，形成不同的变迁路径，产生各种类型的混合多元的制度形式，这对于当下中国公共图书馆正在探索中前行的理事会制度同样有启发意义，即随着制度的不断演进和发展，正视处在公共图书馆新旧治理制度交替变迁历史过程中的中国图书馆界，注定不可能一蹴而就地完成这场变革，也注定不可能在短时间内将公共图书馆法人治理结构予以完美呈现。

（二）纵向：各地差异

基于对各种社会利益关系的考量，公共图书馆理事会制度在同一时期的不同区域之间也有着较大的差异，比如美、英、德、日等国之间的差别，美国的各个州、各个地方之间的不同，这些迥异皆归因于公共图书馆理事会制度在寻求或代表不同利益群体的相互作用和约束下进行的不断调整。具体而言，就是公共图书馆相关的不同利益主体的利益目标所带来的冲突和演变，逐步成为不同地域推动或抑制理事会制度发展变化的动因，且由于不同利益主体的影响程度不同也会使各地产生不同的公共图书馆法人治理方式，上述因素综合叠加而形成的制度环境，造就了与当地整个制度环境相互配合与协调的公共图书馆理事会制度。对于我国公共图书馆法人治理结构而言，就是要从国家和社会利益出发，在中央政策的引导下，在各地方政府的指导下，因地制宜，逐步建立并完善起公共图书馆与当地其他社会相关制度安排相适应的、具有当地特色的理事会制度，实现该项制度与全社会整体制度安排协同发展的良好局面,从而推动公共图书馆理事会制度全面向纵深发展。

二、运行规范明确翔实

"没有规矩,不成方圆。"精准明确和可操作性强的运行规章在确保良好秩序和有效管理的建设过程中显得尤为重要,能够更好地实现有的放矢的精细化运作治理。

(一) 制定章程

"章程"作为规范公共图书馆治理行为最重要的条文规章之一,常被视为理事会的"宪章",它上承国家相关政策法规,下启理事会及公共图书馆的各项规章制度,既是依法治国背景下公共图书馆实现现代治理的客观要求,也是公共图书馆治理理念、治理宗旨、治理目标的集中体现。国际上,公共图书馆实现法人治理结构的章程有"公共图书馆章程"和"公共图书馆理事会章程"两种形式,各公共图书馆在治理方面均有自己的章程,其章程是在理事会常规会议多数投票赞成的情况下获得通过的,且为保证章程的灵活性与适用性,需要定期对章程进行修订。其中,"公共图书馆章程"通常会专设章节详细介绍理事会制度,而"公共图书馆理事会章程"则更为细化地介绍了包括组织名称、目的、目标和服务区域范围,理事会架构及组成,理事的选举和任免流程,有效任期内的履行义务,理事会及其成员的责任与权力,例行会议安排,特殊会议流程,考勤要求,法定人数要求,馆长职责概述,常规委员会和专门委员会,理事会会议议程,章程修订程序等[1][2],简明扼要且操作程序翔实、指示性强的章程在治理过程中发挥了实效。

(二) 编制规划

公共图书馆发展规划是引导图书馆持续不断发展的行动指南,是指引图书馆事业取得阶段性进展的重要依据。编制和实施中长期发展规划有助于

---

[1]　Library Board Organization[EB/OL].[2016-08-29]. http://www.nysl.nysed.gov/libdev/trustees/handbook/index.html♯BoardOrganization.

[2]　Bylaws of the Library of Michigan Board of Trustees[EB/OL].[2016-07-02]. http://www.michigan.gov/documents/libraryofmichigan/lm_2014_BoardBylaws04-24-14_466463_7.pdf.

立足新起点、预测新未来、应对新挑战、明确新方向,从而减少图书馆在治理过程中的盲目性和随意性。① 特别是美国的《图书馆服务与技术法》规定,所有州如果要得到政府提供的该法案基金,必须制定五年规划,且规划应包括该州使用基金所要达到的目标和预期结果②,足见规划制定的重要性与必要性。另一方面,理事会作为公共图书馆法人治理结构的核心,普遍承担着为图书馆制定发展规划或为图书馆规划建言献策的职能,如德国的国家图书馆行政理事会以及美国的乔治亚州、伊利诺伊州、新泽西州、新墨西哥州等众多的公共图书馆理事会承担了为图书馆制定战略规划的职能,而像日本以及美国的堪萨斯州等国家或地方的公共图书馆理事会则在图书馆发展规划制定过程中有着一定的发言权。

(三) 确定工作重点

由于地域差异和社会发展变迁,公共图书馆治理面临的不确定性因素增加,通过理事会明确工作重点,并将其贯穿于公共图书馆治理的全过程,不仅能够有效防止不确定性及变化带来的不良影响,还能够在引起机构成员对目标进行关注、管理者对组织进行管控的基础上,使组织治理工作更为高效。国外不同的公共图书馆理事会制度均有着不同的重点工作目标,日本公共图书馆领域较为注重阅读推广活动;美国的堪萨斯州图书馆理事会则鼓励全州图书馆间的合作,并向全州重点推荐馆际合作与资源共享③;得克萨斯州特别强调残障人士的阅读需求④;密西西比州图书馆理事会则是崇尚新理念,依赖于人才、技术、知识及员工能力,并通过同事间的共同努力来满足不断变化的公众服务需求⑤;新泽西州特别重视社区服务,对包括社区服务在内的各项制度进行了具体、详尽地阐述和规范,从理事会政策制定的各项内容、规划中涉

---

① 王想平,姜宝良,王亚莉.浅谈如何制定大学图书馆中长期发展规划——以山东大学图书馆为例[J].科技情报开发与经济,2015,25(18):38-40.
② 蒋树勇.美国的州立图书馆及其作用——美国图书馆的管理和运营概述之一[J].图书与情报,2010(1):8-15,73.
③ State Library of Kansas Board[EB/OL].[2016-01-28].http://kslib.info/237/Board.
④ About US[EB/OL].[2016-09-10].https://www.tsl.texas.gov/about.
⑤ About[EB/OL].[2016-07-02].http://mlc.lib.ms.us/about/.

及的社区领导采访及具体访谈问题、工作中遇到问题应着重从哪些方面着手解决、理事会有哪些涉及社区文化发展的现实工作且该如何操作等都有着明确的规定①。由公共图书馆理事会确定当前和今后一段时期工作重点的做法,有助于将重点工作融入图书馆的服务与治理各项工作中,为各项工作的开展提供依据。因此,我国图书馆在探索现代治理的过程中,也应结合实际工作需求,不断明晰重点任务,并将理事会的许多重要工作都放在委员会的层面来协商解决,以此推动图书馆服务与治理工作更为高效、省力。

三、配套政策切实可行

健全完善的规章制度有助于公共图书馆理事会实现科学运营,有助于提高公共图书馆的治理效能,确保理事会各项工作、图书馆各项服务正常顺利推进开展。另一方面,根据《中华人民共和国劳动法》第4条规定,通过民主程序制定的规章制度,不违反国家法律、行政法规及政策规定,并已向劳动者公示的,可以作为人民法院审理劳动争议案件的依据。这条司法解释实际上赋予了公共图书馆理事会相关制度有类似于法律的规范效力。因此,我国公共图书馆理事会制度在建立完善的过程中,需要通过标准化运作、受现行政策法律约束的配套政策制度作为法律的有益补充,推动公共图书馆法人治理结构高效、规范运行。国外不少公共图书馆理事会都制定出台了相应的配套政策,以美国的马萨诸塞州图书馆理事会的配套政策为例,可以对我国公共图书馆理事会配套制度的建立有诸多启发。

(一) 赞助合作政策

赞助与合作能够构成马萨诸塞州图书馆理事会的互惠互利关系,马萨诸塞州图书馆系统能够在此关系中获得赞助和合作方提供的资金、产品或者实物服务;赞助者反过来能够通过资助行为从图书馆服务社区和整个图书馆服务系统中获益。通常而言,赞助合作的行为并非一次性的,所有的合作协议

---

① 冯佳.新泽西州图书馆理事会制度与社区文化发展[C]//上海公共文化服务发展报告.上海:上海书店出版社,2017:257-271.

必须是书面且获得马萨诸塞州图书馆理事会批准。一旦理事会批准合作协议,合作方就需要履行其使命,理事会有权随时将已批准协议收回。当然,赞助方在合作之后会要求获得宣传认可,并在协议中注明一系列可能在州图书馆理事会和图书馆服务系统中体现其参与行为的认可方式。其中,体现赞助方的方式包括出现其名称、logo 等,但理事会在其中拥有主导权,在不影响理事会和图书馆系统的名称和 logo 展示的前提下,赞助商名称和 logo 出现的位置由理事会决定,州图书馆理事会和州图书馆系统不支持赞助商任何形式的具体某种产品和服务。①

(二) 图书馆补充经费政策

马萨诸塞州图书馆理事会认为,其系统内的公共图书馆正是由于充足的经费才得以提高并丰富自身的服务,而充足经费的来源除了当地政府为公共图书馆服务提供的年度预算分配资金外,还包括个人或企业直接对图书馆的捐赠、当地图书馆信托基金或其他基金的捐助、图书馆之友筹集的资金、联邦及州政府或个人基金提供的补助奖励资金等补充资金,补充资金在支持市政融资计划中也发挥了重要作用。马萨诸塞州图书馆理事会鼓励每一个系统内的公共图书馆发展并利用各种补充经费,并要求在图书馆中长期规划中进行详细规定,在各图书馆的发展目标中有所体现。②

(三) 图书馆系统的预算修订政策

当出现预算增减、人事增删、税收分配等情况时,区域范围内的图书馆系统可以向州图书馆理事会提出预算修订申请。在预算变更申请提交至图书馆理事会之前,该预算变更对区域服务的重要影响需要经过地区图书馆系统成员馆委员会会议的正式核准,且递交的项目预算和行政预算修订申请必须按照区域行政管理要求的规范预算表格来填写,并有必要得到图书馆理事会的批准。如果申请数量或报告支出与当前批准的预算不符,图书馆系统的运

---

① Policy on Sponsorships and Partnerships[EB/OL]. [2016-07-01]. http://mblc. state. ma. us/mblc/board/policy/sponsorships. php.
② Policy on Supplemental Public Library Funding[EB/OL]. [2016-07-01]. http://mblc. state. ma. us/mblc/board/policy/supplemental_plf. php.

转资金并不会提前进入支付环节。预算修订申请必须附有如下信息：对预算变更的简短叙述、简单说明预算变更对地区图书馆服务规划产生的影响等①。

（四）地方政府援助政策

美国的马萨诸塞州图书馆理事会每年都会对州政府援助的公共图书馆项目相关政策进行审查和核准，包括《支出要求政策》（*Calculation of the Materials Expenditure Requirement Policy*）、《市政拨款要求政策》[*Calculation of the Municipal Appropriation Requirement（MAR）Policy*]、《公共图书馆关闭政策》（*Closure of a Public Library Policy*）、《确定取消市政拨款资格要求政策》[*Determining Eligibility for a Waiver of the Municipal Appropriation Requirement（MAR）Policy*]、《开放时间与支出调整政策》（*Hours Open and Materials Expenditure Accommodation Policy*）、《最低服务时长要求政策》（*Minimum Hours of Service Requirement Policy*）、《人口数量改变的调整宽限期政策》（*Population Change Grace Period Policy*）等②，这些政策作为公共图书馆治理的标准性规范，为地方政府援助公共图书馆提出了法定要求。

（五）中间人政策

在美国，在理事会中还有一种特殊的中间人制度，在理事会运作过程中发挥了极其重要的作用，如马萨诸塞州图书馆理事会中的中间人被称为联络人，并作为需要，由理事会主席/理事长委任联络人组织成立咨询委员会、特别小组以及外部团体组织，联络人的具体目标活动也会随着咨询委员会或特别小组的性质发生改变，其行为主要包括以下内容：召开一场反映联络人设立初衷的会议、出席或参加咨询委员会或特别小组的会议、定期发布正式简报并定期与项目参与员工进行电话沟通交流、向理事会会议递交报告、为理事会会议提供服务等③。

---

① Policy on Budget Revisions for Regional Library Systems[EB/OL]. [2016-07-01]. http://mblc. state. ma. us/mblc/board/policy/budget. php.

② State Aid Policies[EB/OL]. [2016-07-01]. http://mblc. state. ma. us/grants/state_aid/policies/index. php.

③ Policy on Board Liaisons[EB/OL]. [2016-07-01]. http://mblc. state. ma. us/mblc/board/policy/liaisons. php.

四、倚重理事,进贤任能

公共图书馆理事会成员对于理事会的正常运转、保障公共图书馆治理能力最大化起着无可替代的作用。国外发展较为成熟的各类型公共图书馆理事会制度都无一例外地强调了理事会成员的重要性,理事的遴选与职业发展被作为重要议题得到理事会的格外关注。

(一)广纳社会贤达人士

法人治理结构下的理事会制度本身就是一种吸纳社会力量参与公共图书馆治理的制度安排,社会各界人士参与到公共图书馆的决策和监督中来,是实现公共图书馆公益目标、公共利益的基本保证。① 国外公共图书馆理事会成员中,除当然理事外,广泛吸纳的外部理事多为当地有影响、有地位、能有效协调各方利益且有能力、时间和精力,并能为公共图书馆事业发展出谋划策的社会贤达②,其产生主要通过地方政府最高行政长官任命、理事会重组会议或图书馆及其服务区域或合作伙伴代表选举、理事会或图书馆推选以及个人自荐等四种方式,为社会上对有能力、有热情、有时间、有精力的有志之士提供了参与当地公共图书馆治理的大显身手的平台。我国公共图书馆理事会制度在建立之初,亦当有此认知,坚持选好、用好的方针原则,树立正确的用人导向,确保理事会成员履行好职责、发挥好作用,为公共图书馆高效治理提供保障。

(二)组建专业行业组织

美国、加拿大、英国、澳大利亚、日本、德国等公共图书馆事业较为发达的国家,其图书馆行业协会都在推动行业繁荣发展中有着不可或缺的重要地位。如美国图书馆协会(American Library Association,ALA)下专设的图书馆联合协会(United for Libraries)不仅制定专门的理事章程、道德规范要求,还组织全国理事协会或针对部分州图书馆及其理事会的在线研讨等沟通交流平台③,

---

① 李国新.我国公共文化机构的法人治理结构试点[J].图书馆建设,2015(2):4-7.
② 冯佳.美国俄亥俄州图书馆理事会制度[J].国家图书馆学刊,2014(3):47-52.
③ Arkansas Trustee Academy[EB/OL].[2015-02-10].http://www.ala.org/united/trustees/trustee_academy/arkansas/.

而像康乃狄克州、纽约州等设立图书馆理事协会的地区,不仅为理事的教育培训提供了系统的培训课程、专题研讨,还设立了若干相关的教育培训项目,一些地方编制的旨在为理事的教育培训和日常工作提供指导与帮助的实务指南也多来源于行业协会①。国外针对公共图书馆理事会成员的行业协会组织,充分发挥了行业协会在行业中的服务、自律、维权、协调等作用。从国外的经验可以发现,随着公共图书馆理事会制度不断向纵深发展,培育、发展并依靠行业协会力量的迫切需求开始显现。公共图书馆法人治理结构在我国作为新兴事物,应当在借鉴国外的基础上,在现有图书馆行业协会基础上,将建设与发展理事会制度与培育理事会相关行业组织并举,逐步完善公共图书馆的治理体系,推动我国公共图书馆治理实现较快地转型发展。

(三)优化拓宽职业发展前景

一个全身心投入工作的公共图书馆理事,要有比图书馆从业者更开拓的眼界、要掌握更多的专业知识、要能够理解最新的政策发展指向、要有机会接触到最新最好的治理理念和知识。国外公共图书馆理事会及其行业协会为理事会成员提供的继续学习的发展平台,从人事到财务,再到社会关系等各个方面,极大地充实了理事的专业知识、监管水平、决策能力等,不少理事还因此获得了更为宽广的人脉、更大的社会影响力,巩固夯实了行业领域专家的地位,可是说其职业发展前景良好。如美国的许多地方都发布了类似"理事指南"的专门指导手册,从理事的职能定位,到具体工作中涉及的政策制定、人事制度、法定行为、经费、发展规划制定、财政规划、市场与公共关系、相关研究、继续教育、各类学习资源等一系列内容进行了严格的规定、分解和细化,为全州图书馆理事的工作、学习提供了标准化和规范化的实务操作范式。② 尤以田纳西州 2015 年 7 月 1 日正式启动的理事认证项目为例,该项目提供了图书馆治理领域的 10 门短期在线课程,且每门课程结束都有相应的考试,10 门课程测试成绩合格率达到 80% 以上者,方能获得理事的认证资质,且

---

① 冯佳.美国公共图书馆理事教育培训研究[J].图书馆,2017(5):1-7.
② 冯佳.美国各州图书馆理事会制度研究[J].国家图书馆学刊,2017(3):10-20.

认证证书的有效期为 3 年①,充分调动了理事会成员学习发展的积极性。对于我国而言,为实现图书馆理事会制度的可持续发展,吸引更多符合图书馆目标定位且满足图书馆专业需求的优秀合格理事参与治理,应借助各种力量、运用各种方式,为理事会成员提供更大的学习发展平台与空间,为公共图书馆科学决策提供源源不断的人才支撑。

五、各方协作紧密顺畅

理事会作为连接图书馆战略决策与图书馆执行管理的重要纽带,涉及面庞杂,需要了解和掌握政府及其主管部门、理事会成员组织构成、图书馆馆长以及与图书馆打交道的各方人士等信息,国外的公共图书馆理事会特别注重与各利益相关方的关系②,并与之保持了密切的联系。

(一)加强统筹协调工作

现代治理是一个包含治理体系、治理制度、治理能力等多个要素的复杂系统,需要总揽全局、协调各方。国外以公共图书馆理事会为核心的现代治理同样是在兼顾了多方平衡、相互协调、统筹分布、均衡发力的原则下,依靠理事会成员和组成机构、依靠公共图书馆馆长和各业务职能部门达成的共识、开展的共同行动。如英国公共图书馆现代治理的多元化就充分体现了政治前提下的统筹兼顾;而美国的多数公共图书馆理事会作为依照地方法案设立的行政授权机构,在地方政府官员代表直接参与治理的基础上,有任命、监督并评审公共图书馆馆长、管理公共图书馆服务资产及项目等法定权力,其治理则是通过全体机构的共同努力而完成,通常由其常设委员会负责针对所有理事会成员及其所涉及事务的各个方面进行评估、审议,向理事会提交咨询报告③,为最终决策、执行提供依据;特别是罗德岛图书馆与信息服务办公

---

① Training Program Highly Popular With Public Library Board Trustees[EB/OL].(2016-01-15)[2016-09-10]. http://sos. tn. gov/news/training-program-highly-popular-public-library-board-trustees.

② 冯佳.美国各州图书馆理事会制度研究[J].国家图书馆学刊,2017(3):10-20.

③ About the Board[EB/OL].[2015-03-03]. http://www. hawaiiboe. net/About/Pages/AboutUs. aspx.

室作为州政府行政部门的一部分,与罗德岛图书馆理事会合作制定与治理相关的政策和工作重点①,提升了治理工作的统筹协调能力。在国外,统筹协调还体现在逐步建立并完善与治理相衔接的机制,如德国国家图书馆行政理事会制度就是通过制定各类咨询委员会制度,实现治理目标;而美国的公共图书馆理事会则一般通过制定和执行人事、财务、政策等各类治理相关规范等,推动图书馆实现全面发展的目标。与之相比,我国的公共图书馆理事会制度面临着更为复杂的体制机制的制约环境,特别是在事关公共图书馆人事、财政、管理、监督等重大问题上,就要以全局的观念、更加灵活的思维,在坚持独立法人的基础上,照顾各方、集思广益、汲取智慧、统筹考虑,在决策规划时要将优势、特点和各种制约因素充分考虑进去,探索具有中国特色的公共图书馆法人治理结构。

(二) 密切基层社区关系

公共图书馆作为主要用纳税人的钱建立并运营的公共文化机构,理应为所有纳税人服务,特别是要对其覆盖的广大社区基层民众提供普遍均等的优质服务。不少国外的城镇公共图书馆作为社区生活的重要内容,对社区居民的教育支持、经济发展和个人成长起着重要作用,这无疑就需要密切公共图书馆及其理事会与社区之间的关系,国外很多公共图书馆理事会在其规章制度中对此均有充分彰显②。卡内基提出的"图书馆应该成为社区的实际存在"的要求更是影响了一个世纪以来的美国图书馆事业发展③。美国的马萨诸塞州强调城镇公共图书馆在向社区居民提供服务中的责任④;华盛顿州图书馆理事会为与图书馆有相类似目标的社区伙伴成员创造合作机会⑤;西弗吉尼

---

① About the Office of Library and Information Services[EB/OL]. [2016-09-12]. http://www.olis.ri.gov/aboutus/index.php.
② 冯佳.新泽西州图书馆理事会制度与社区文化发展[C]//上海公共文化服务发展报告.上海:上海书店出版社,2017:257-271.
③ 阿华.世界各国社区图书馆掠影[J].社区,2005(6):60-62.
④ Policy on Supplemental Public Library Funding[EB/OL]. [2016-07-01]. http://mblc.state.ma.us/mblc/board/policy/supplemental_plf.php.
⑤ Mission and Roles[EB/OL]. [2016-10-09]. https://www.sos.wa.gov/library/libraries/dev/council/mission.aspx.

亚赋予州图书馆理事会新建社区图书馆的责任,提出一个社区如果有兴趣建立公共图书馆,就要与图书馆理事会进行联系,并为其提供建立图书馆的相关信息①;新泽西州更是将社区关系作为其政策制定的重要内容之一,将社区领导访谈作为图书馆发展规划的重要参考,将社区需求作为理事会成员应掌握的重要任务,更将社区服务作为理事会开展工作的重要依据,着力维持好与社会的关系、满足社区的文化需求成为其鲜明的地方特色②。因此,在广大市民对公共图书馆信息服务的需求超出以往的中国,一方面,要求政府加强公共图书馆和社区联系相关的顶层设计,使公共图书馆密切社区合作成为可能;另一方面,需要图书馆理事会主动出击、创新项目,积极发挥并扩大其社会影响力,努力争取与社区的合作,从而推动公共图书馆服务真正成为社区居民日常生活的重要组成部分,使公共图书馆的服务效能、社会效益最大限度彰显。

(三) 深化与教育系统的关系

以美国和日本为代表的国外公共图书馆理事会制度还特别关注与教育系统的关系,形成了上下级从属和相互合作等两种特殊的关联形态。日本公共图书馆协议会制度作为前一种形态的典型代表,其《图书馆法》中明确规定了图书馆协议会委员会应由本地教育委员会任命③。后一种形态则在美国居多,如美国堪萨斯州的教育专员或其指定者、州校董会执行官均为州图书馆理事会的当然委员,在实现州图书馆理事会与州校董会合作的基础上,确保全州公共图书馆用户通过公共图书馆也能够持续地使用州教育网络的资源④;新泽西州则是依据当地法律,要求市级公共图书馆理事会中必须有 1 名当地最高教育官员、校长或学校最高官员,而对于校地联合利用图书馆的理事会也要求有学校负责人或每个城市学校的最高官员参与其中⑤,从而最大

---

① Administrative Rules[EB/OL]. [2016-10-03]. http://apps. sos. wv. gov/adlaw/csr/readfile. aspx? DocId = 11967&Format = WORD.

② 冯佳. 新泽西州图书馆理事会制度与社区文化发展[C]//上海公共文化服务发展报告. 上海:上海书店出版社,2017:257-271.

③ 曹磊. 日本公共图书馆协议会制度概述[J]. 图书馆理论与实践,2016(8):68-72.

④ State Library of Kansas Board[EB/OL]. [2016-01-28]. http://kslib. info/237/Board.

⑤ New Jersey Public Libraries:A Manual For Trustees,2015[EB/OL]. [2016-09-01]. http://www. njstatelib. org/wp-content/uploads/2014/05/Trustee-Manual-2015. pdf.

限度地确保了学校图书馆资源被公众有效利用。在我国,随着现代公共文化服务体系建设的不断深化拓展,充分利用工、青、妇、科、教领域的文献资源被提上议事日程,文教结合的实践探索开始更多显现,校地共建的联合图书馆也不时出现,因此,借鉴国外在此领域的成功经验,在探索不同形态公共图书馆理事会制度的同时,因地制宜、吐故纳新,为新时代体制机制创新改革做出贡献。

(四) 强调地方区域合作

二十一世纪以来,由于学术发展、科技进步、资料激增,社会各界对于文献信息的需求日益迫切,同时又由于物价指数日益升高,在经费有限、设施有限、资源有限、服务覆盖范围有限的状况下,单纯依靠一地一馆的资源难以充分满足读者的多元需求。鉴于此,国外不少地方为盘活馆藏文献资源,扩大并充实可用资源,纷纷以公共图书馆理事会为推手,鼓励并支持不同地域图书馆间的合作共享。在本辖区范围内开展馆际合作方面,美国的堪萨斯州图书馆理事会向全州重点推荐馆际合作与资源共享[1],佛罗里达州图书档案馆咨询理事会[2]、华盛顿州图书馆理事会[3]等也都鼓励和支持州内所有类型的图书馆之间开展合作;在跨区域合作方面,西弗吉尼亚州图书馆理事会为确保能有更为有效的管理,主动与其他州图书馆理事会和其他州图书馆开展学习合作[4];怀俄明州图书馆尽管未成立理事会,但其州图书馆不仅为州内各类图书馆理事会的发展制定了《怀俄明公共图书馆理事会成员手册》(*Wyoming Public Library Board Members' Handbook*),更整合提供了爱荷华州、肯塔基州、马里兰州、新罕布什尔州、宾夕法尼亚州、犹他州、佛蒙特州、华盛顿州等跨地域的各类学习资源[5],搭建了公共图书馆治理领域的跨区域共享平台。这种

---

① State Library of Kansas Board[EB/OL]. [2016-01-28]. http://kslib.info/237/Board.

② State Historical Records Advisory Board[EB/OL]. [2015-03-04]. http://dos.myflorida.com/library-archives/about-us/state-historical-records-advisory-board/.

③ Mission and Roles[EB/OL]. [2016-10-09]. https://www.sos.wa.gov/library/libraries/dev/council/mission.aspx.

④ CHAPTER 10[EB/OL]. [2016-10-05]. http://www.legis.state.wv.us/WVCODE/Code.cfm?chap=10&art=1.

⑤ Wyoming Library Board Members' Handbook[EB/OL]. [2016-10-03]. http://www-wsl.state.wy.us/ldo/boards/handbook.html.

治理过程中强调区域合作共享的方式同样值得国内学习,特别是在当前背景下创新出现的大别山区"候鸟书屋"、以"互访"形式在不同区域间开展阅读推广的"文化走亲"、公共文化机构总分馆中的统一下派上挂制度等交流样式,更是我国在探索公共图书馆现代治理过程中需要融入思考的中国特色。

六、服务体系统筹推进

公共图书馆服务体系指一个国家或地区公共图书馆独立提供或通过合作方式提供的图书馆服务的总和①,国际上普遍采用组织形式较为松散的联盟合作式和组织形式紧密的总分馆联合式两种形式的公共图书馆服务体系,其在公共图书馆治理方面也形成了较大的差异。

(一) 联盟合作式服务体系的治理

以美国明尼苏达州为代表的联盟合作式服务体系,在公共图书馆治理方面 具有松散治理的鲜明特色。明尼苏达州议会大厦图书馆联盟(Capitol Area Library Consortium,CALCO)作为一个州政府图书馆组织,旨在通过图书馆间的合作,并借助独特而多样的馆藏资源,推动并提升全州的图书馆服务。② 1977 年 4 月制定出台的《CALCO 章程》沿用至今,其中规定,联盟不设永久总部,实行缴纳会费的会员制,其联盟决议由多数成员馆赞成而获得通过。联盟下设最广大代表政策咨询委员会(Member-At-Large/MINITEX Representative)向联盟传达成员馆的声音,并为联盟提供决策咨询建议。联盟的执行委员会主要是负责政策执行,包括在联盟与其他机构间建立联系、确立下一财政年预算、修订"长期规划"、推出新一届联盟成员候选人等,并在需要的情况下,要求联盟成立临时委员会处理特殊问题。③ 具体以加拿大对相邻区域图书馆系统进行统筹协调的治理方式为例,其联盟合作式的图书馆服务体系内,各成员馆在加入图书馆联盟系统后,其图书馆理事会仍然保持独立性,负责成员馆各自的经费和管理;而总的区域联盟图书馆理事会则控

---

① 颜映君.公共图书馆服务体系建设的研究与探索[J].内蒙古科技与经济,2011(02)：150-152.
② State Government Libraries[EB/OL].[2016-07-02].http://mn.gov/library/.
③ CALCO BYLAWS[EB/OL].[2016-07-02].http://mn.gov/library/bylaws.html.

制了各成员馆的大部分事务，但其控制力相对小很多①。总体而言，这种服务体系治理方式的松散性主要体现在联盟约束与成员馆自治相结合方面，这对于我国上海、北京等体量较大的实行"一卡通"、且辖区内各区（县）又探索建立各自的总分馆服务体系的城市而言，具有较大的现实借鉴意义。

（二）总分馆联合式服务体系的治理

形式相对紧密、以县域为推进主体的公共图书馆总分馆联合式服务体系是国内广泛实施，且我国政府大力倡导的服务体系。特别是 2016 年底，原文化部、新闻出版广电总局、体育总局、发展改革委、财政部联合印发的《关于推进县级文化馆图书馆总分馆制建设的指导意见》以及 2017 年 11 月由全国人大常委会审议通过的《中华人民共和国公共图书馆法》，都为我国公共图书馆总分馆服务体系的建设指明了方向。美国的爱达荷州图书馆理事会在这种类型的服务体系治理中具有典型性，爱达荷州的立法要求建立区域图书馆服务系统，爱达荷图书馆理事会则依据区域图书馆服务边界批准成立各自独立的公共图书馆理事会，任何州辖区内的图书馆理事会都不是服务系统的组成部分；任何图书馆系统也可依据社会经济发展的时代新变化，突破原有服务边界的束缚，向州理事会申请成立额外的图书馆理事会治理机构；任何州内的公共图书馆理事会可向州图书馆理事会申请退出区域图书馆服务系统；同时，没有独立理事会治理的图书馆系统经费等重大问题，则由州图书馆理事会负责分配管理②。而在治理的具体分工方面，俄亥俄州的成效较为显著，其州图书馆理事会由于负责统筹规划全州范围内的图书馆事务，会根据州内各区域的特色，从全局角度出发，并为保证州内各单体图书馆、各系统图书馆的有效管理，而与其批准成立机构的理事会签订不同的职责分工协议，这不仅保证了州图书馆理事会对州内各类图书馆理事会的制约，又使得法人治理结构的社会效益得到了最大限度的彰显③。

---

① 唐开敏.加拿大公共图书馆法研究[D].北京：北京大学,2011.

② Chapter 26 Public Libraries[EB/OL]. [2015-03-03]. http://legislature.idaho.gov/idstat/Title33/T33CH26SECT33-2618.htm.

③ 冯佳.美国俄亥俄州图书馆理事会制度[J].国家图书馆学刊,2014(3)：47-52.

七、服务市场逐步拓展

图书馆文献信息服务的提供必须立足读者立场,弄清楚他们需要什么,进而明确图书馆服务的市场定位与服务重点。国外不少公共图书馆理事会借助自身理事的社会影响力和人脉资源,积极发展与社区的关系,并通过创新项目等市场推广的方式,开展读者与图书馆及其服务之间的连续性交互行为,使公共图书馆与广大读者结成长久且相互依赖的关系。如美国的波士顿市公共图书馆理事会设立专门的市场营销和筹资特别小组,协助图书馆开展公众宣传和教育等服务活动,给予图书馆筹资策略与活动相关的咨询与支持,并在图书馆营销过程中充分吸纳专业知识和专家意见,为实现图书馆的目标和任务筹集更多的经费支持[1];新泽西州为提升社区对图书馆及其服务的关注度,州图书馆理事会制定、支持并参与了一系列与市场和公共关系相关的项目,要求理事会成员要尽可能多地在当地报纸、社交媒体及各种公共场所宣传图书馆在社区生活中的重要作用,并要求辖区各图书馆每年要向州图书馆及其服务社区提交年度报告[2];宾夕法尼亚州图书馆理事会作为咨询机构,在公共图书馆的治理过程中依据图书馆法典特设了图书馆发展部,并为打造州资助的当地、区域和州范围内的资源网络而开展协调与援助工作[3]。上述一系列举措体现了国外通过市场宣传推广扩大图书馆影响、实现读者心理认同的方式,这一方式有助于达成吸引读者、筹集社会资本的目标。我国公共图书馆理事会制度在试点推行过程中也要想方设法加大宣传力度,在扩大图书馆社会影响力、吸引更多读者参与其服务活动的同时,也能为理事会治理吸纳更多的志士仁人,在提高公共图书馆服务效能的前提下,提高图书馆界在全社会的话语权,使公共图书馆真正成为影响政府经济社会发展决策的中坚力量。

---

① 冯佳.波士顿市公共图书馆理事会制度[J].图书与情报,2014(2):14-16.

② New Jersey Public Libraries: A Manual for Trustees, 2015[EB/OL]. [2016-11-03]. http://www.njstatelib.org/wp-content/uploads/2014/05/Trustee-Manual-2015.pdf.

③ Organization[EB/OL]. [2016-09-10]. http://www.statelibrary.pa.gov/Pages/Organization.aspx.

本 章 小 结

聚焦公共图书馆法人治理结构发展历史久远且有着显著差异的美国和英国、体现国家政府意愿的德国，以及亚洲当代图书馆事业较为发达的日本等不同体制国家、不同类型公共图书馆的法人治理结构，对普遍通行的美国公共图书馆理事会制度、多元共治下的英国公共图书馆理事会制度、"以国家为中心"的德国国家图书馆理事会制度、法定非强制的日本公共图书馆协议会制度等进行较为全面而深入的研究，按照公共图书馆治理机构承担的具体职能，将其分为议事决策型、决策监督型、咨询建议型、联合治理型等各种类型。纵观国外公共图书馆法人治理结构的实践，对我国正处于由探索不同发展路径的试点阶段向纵深发展的公共图书馆理事会制度具有一定的借鉴意义，在深厉浅揭的制度、明确翔实的运行规范、切实可行的配套政策、倚重社会贤达的理事、密切各方协作、统筹推进服务体系建设、不断拓展服务市场等方面拓宽了视野、创新了思路，给予我国公共图书馆法人治理结构的实践探索以启迪。

第三章

国内公共图书馆法人治理结构的实践探索

在全面建设社会主义现代化国家、大力推进公共文化服务高质量发展的关键时刻,对包括"硬的""软的"在内的基础设施全面深刻而不是浅尝辄止的理解和体会,精心细致的而不是粗枝大叶的操作和管理,成为国家治理体系和治理能力现代化建设中的有机组成部分,成为中国经济社会可持续发展的重要一环,因此,不能不倍加关注。[①] 对于中国的图书馆事业而言,自从党的十七届二中全会在其通过的《关于深化行政管理体制改革的意见》中首次提出事业单位法人治理结构的概念[②],随后颁布出台的一系列中央文件使其提上实践日程,并在山西、上海、浙江、广东、重庆等五省市图书馆相继开展试点,以此为契机,中国图书馆界也开始了法人治理结构的实践探索。此后,在党的十八届三中全会明确将公共文化机构法人治理结构建设纳入文化领域重点改革任务之一的背景下,在原文化部推动公共文化机构法人治理结构试点工作的推进过程中,在深入贯彻落实《关于深入推进公共文化机构法人治理结构改革的实施方案》的进程中,各地公共图书馆顺势而为,在中国现有的体制机制框架内大胆探索、积极实践,不断探索寻求符合中国国情、具有地方特色的公共图书馆法人治理结构建设,助力建成文化强国的战略目标。

---

① (英)格里姆赛,(澳)刘易斯.PPP革命:公共服务中的政府和社会资本合作[M].济邦咨询公司,译.北京:中国人民大学出版社,2016:2.

② 中共中央 国务院印发《关于深化行政管理体制改革的意见》的通知[EB/OL].(2016-04-27)[2018-05-31]. http://tsbb.gov.cn/uploadfile/2016/0427/20160427035002898.doc.

第一节　发展历程

长期以来,传统公共图书馆的管理方式是单向度的"自上而下"的管理,但随着现代治理理念深入人心及多元治理主体的出现,缘起于企业法人的董事会制度开始运用于公共图书馆的治理过程中。国际上,英国1850年的《公共图书馆法》就确立了英格兰地区的图书馆理事会制度,并对图书馆理事会的构成、职责与权力等做出了规定①。对于尚属新鲜事物的我国公共图书馆理事会制度,图书馆界在20世纪和21世纪相交之时才开始对相关理论进行研究。2007年之后,伴随着事业单位分类改革的推进,深圳图书馆等单位开展建立了公共图书馆理事会的试点工作,随后以党的十八届三中全会为标志,包括公共图书馆在内的文化事业单位建立法人治理结构已经由理论问题变为实践问题,自此开启了中国公共图书馆理事会制度探索的漫漫长路。

一、起步阶段:社会公众参与

2007年以来,我国结合事业单位分类改革,在山西、上海、浙江、广东、重庆等五个省市开展的建立法人治理结构试点工作,一直在推进。② 2007年10月,深圳市委办公厅、深圳市人民政府办公厅颁布了《建立和完善事业单位法人治理结构实施意见》,将深圳图书馆列入首批适合组建理事会的事业单位名单。实施意见中提到,理事会对举办主体负责,其成员由政府部门代表、社会人士、行政执行人等组成,并以社会人士为主,采用选任制或委任制产生。③ 我国公共图书馆领域的法人治理改革实践从此开始。

在这一起步阶段,公共图书馆理事会制度在法人治理结构、治理机制和

---

① 曹磊,冯佳. 英国公共图书馆理事会法律规定演变——以英格兰地区为例[J/OL]. 图书馆杂志: 1-7. (2017-05-02)[2017-12-10]. http://kns.cnki.net/kcms/detail/31.1108.G2.20170502. 1719.018.html.

② 李国新. 公共图书馆法人治理:结构·现状·问题·前瞻[J]. 图书与情报,2014(2):1-9.

③ 中共深圳市委办公厅、广东省深圳市人民政府办公厅关于印发《建立和完善事业单位法人治理结构实施意见》的通知[EB/OL]. [2017-12-10]. http://www.110.com/fagui/law_298627.html.

治理规则等方面都处于摸索之中。这一阶段虽然有公共图书馆颁布了治理章程,组建了理事会,启动了治理程序,但是由于政府相关授权仍未明确,公共图书馆的运营和管理基本上保持原来的治理模式。这一阶段公共图书馆理事会可称为参与型理事会,其显著特征是政事分开不明显、引入公众多方参与、理事会治理模式比较松散、相关配套机制开始启动、理事会对公共图书馆管理层形成一定的制约,这些都使得公共图书馆管理的民主化趋势逐渐明朗、政府管制权日益下放、服务意识和平等理念逐渐增强、社会公众参与公共图书馆治理的步伐开始加快。[1]

二、提升阶段: 监督管理加强

公共图书馆理事会制度的实施,使得政事分开、管办分离范围不断扩大,公共图书馆享有的自主管理权逐步加大,这也就要求进一步加强监管。2011 年,《中共中央、国务院关于分类推进事业单位改革指导意见》中就理事单位监管做出明确规定: 建立事业单位绩效考评制度,考评结果作为确定预算、负责人奖惩与收入分配等的重要依据……面向社会提供公益服务的事业单位要建立信息披露制度,重要事项和年度报告要向社会公开,涉及人民群众切身利益的重大公益服务事项要进行社会公示和听证。[2] 此后,国务院办公厅还发布了事业单位法人治理结构建设实施方案,以及事业单位分类、编制管理、财政政策、国有资产管理、人事制度改革、收入分配制度改革、职业年金办法等若干配套文件。[3] 各地在推行公共图书馆理事会制度的过程中也充分认识到,这是一项系统改革工程,并先后推进相关配套改革制度。因此,在经历了参与型治理阶段后,公共图书馆理事会制度开始不断提升对公共图书馆信息的获取能力,理事行使职权意愿随之增强,理事会在职权运用上更加成熟,加强监督成为这一时期公共图书馆治理改革的实际需要,这些都为公共图书馆

① 王冬阳.论公共图书馆法人治理结构建设的几个发展阶段[J].国家图书馆学刊,2014(3): 34-40.
② 中共中央国务院关于分类推进事业单位改革指导意见[EB/OL]. (2012-04-16)[2017-12-05]. http://www.gov.cn/jrzg/2012-04/16/content_2114526.htm.
③ 国务院办公厅关于印发分类推进事业单位改革配套文件的通知[EB/OL]. (2014-12-24)[2017-12-10]. http://www.zjhrss.gov.cn/art/2015/05/05/art_1985057_66802.html.

理事会制度向监管型治理模式提升提供了现实和政策条件。

在这一阶段,公共图书馆理事会在监管效能逐步增强的同时,其独立性也在逐步提升,理事会开始致力于与图书馆管理层共同构建有效的公共图书馆治理体系。在此基础上,公共图书馆理事会成为政府监管公共图书馆管理层的组成部分、监督与管理的分工提高了公共图书馆的运行效率、公共图书馆理事会扩大民主监督范围与方式,以及公共图书馆理事会下设委员会建设的步伐加快、信息披露和年报等制度更加完备、多元监督体系逐步建立等成为这一时期的显著特点。①

三、深化阶段: 政府权力授予

现代治理改革的深入发展势必影响到公共图书馆的利益相关者,党的十八届三中全会提出,要"建立党委和政府监管国有文化资产的管理机构,实行管人管事管资产管导向相统一",再次明确了公共图书馆决策权只有获得人、财、物、事等全方位授权,才能真正落实到位。这就要求从政府职能转变中获得公共图书馆的运营管理权、编制使用权、财政资金支配权、人力资源管理权、收入分配权以及服务外包权等,这不仅是从集权行政走向分权的具体体现,也是试图在国家发展中促进有效的社会公众参与,以改进政府及公共图书馆的服务质量、进一步扩大民主。②

该阶段的公共图书馆理事会开始逐步探索决策治理机能,相关治理主体间的治理准则也得以确立,政府开始从微观管理转向宏观管理,公共图书馆理事会开始行使战略规划、重大事项决策、重大资产购置、管理层任用等职权,管理层开始切实履行公共图书馆理事会执行机构的职能,"政府—理事—管理层—员工"逐级顺位的绩效考核与问责机制建成,并呈现出理事会决策权力全面增强、法人治理结构进一步完善、公共图书馆人员使用效率逐步提升、企业管理体系引入公共图书馆等特征③,公共图书馆的治理能力得到全面

---

① 王冬阳.论公共图书馆法人治理结构建设的几个发展阶段[J].国家图书馆学刊,2014(3):34-40.
② 郑敬高.公共治理与公共管理创新[M].北京:海洋出版社,2010:3-36.
③ 王冬阳.论公共图书馆法人治理结构建设的几个发展阶段[J].国家图书馆学刊,2014(3):34-40.

提升,增强了公共图书馆的公信力,促进了公共图书馆的高效管理、持续发展。

四、拓展阶段：思路举措创新

在中央文化体制改革和发展领导小组公布的 2014 年文化体制改革的重点任务中,稳妥推进公共图书馆、博物馆、文化馆、科技馆等组建理事会试点是其中之一;2014 年 8 月,为认真贯彻落实党的十八届三中全会关于"构建现代公共文化服务体系"的要求及中央全面深化改革领导小组的有关工作部署,原文化部下发了包含《公共文化机构法人治理结构试点工作方案》等在内的《关于开展公共文化服务标准化等试点工作的通知》,推动各地探索公共图书馆理事会制度;2015 年初,《关于加快构建现代公共文化服务体系的意见》中又强调,要"推动公共图书馆、博物馆、文化馆、科技馆等组建理事会,吸纳有关方面代表、专业人士、各界群众参与管理,健全决策、执行和监督机制"。随着《关于加快构建现代公共文化服务体系的意见》的印发,各省(区、市)党委、政府高度重视,迅速组织学习贯彻落实文件精神,并结合本地实际积极推进公共文化建设各项重点工作落实,起草制定了本省(区、市)的《关于加快构建现代公共文化服务体系的实施意见》,其中对公共文化机构理事会这一制度均有涉及,这些无不为推动全国各地探索公共图书馆理事会制度提供了良好的机遇。

根据中央部署,各地纷纷确立了包括公共图书馆在内的"文化事业单位法人治理机构改革"试点单位,以温州市图书馆公开向全社会招募图书馆理事为标志,我国公共图书馆理事会制度已进入改革创新的思路和举措创新性发展推进的新阶段,取得了一些积极成效,获得了一系列阶段性成果。如广东省深圳图书馆理事会制度促进了政事分开、建立了制衡机制、完善了监管体系①;浙江省温州市图书馆理事会开创《温州市图书馆理事会工作报告制度》《温州市图书馆信息公开制度》《温州市图书馆理事决策失误追究制度》以及《温州市图书馆绩效评价制度》等,用制度化手段确保治理顺畅;上海市浦

---

① 肖容梅.深圳图书馆法人治理结构的探索和思考[J].中国图书馆学报,2014(3)：13-19.

东图书馆理事会建立了"负面清单"制度,以清单形式列明举办单位、理事会、图书馆管理层应规避的行为,实现了"框架内的自由"①;上海市嘉定区图书馆理事会创新推出"理事服务日"制度②,并与其议事会相结合,通过读者接待、巡访调研等服务形式,切实发挥社会理事职能;还有浙江省嘉兴市图书馆创造性地探索出了"理事在身边""理事带项目""理事听例会""理事去调研"四大工作机制,为理事代表公众利益参与图书馆治理奠定了基础③。这一阶段,公共图书馆服务效能和专业化发展水平有了显著提升。

五、法治阶段:法定制度确立

法治是人们共同的生活愿景,也是国家治理现代化的重要标志。中国共产党从十八届三中全会提出的推进国家治理现代化,以及四中全会提出的全面推进依法治国理念,表明执政当局对现代政治文明核心价值的认知和认可,展示了执政党将中国国家治理纳入法治轨道的决心,同时也彰显了法治建设将成为中国政府下一步改革的重点。④ 因此,公共图书馆的现代治理需要与这一法治环境相适应,需要依靠政府的法律保障,政府的依法监管能够帮助公共图书馆恪守公共利益立场。

法治化是国家治理现代化最主要的、最基础的、最必须的方式,《中华人民共和国公共文化服务保障法》《关于深入推进公共文化机构法人治理结构改革的实施方案》《中华人民共和国公共图书馆法》等在内的政策法规相继制定出台,为使公共图书馆成为独立运行的法人主体,并为公共图书馆理事会制度取得更为明显的实质性进展提供了法律依据与保障。这表明,我国已经通过法律形式开始对公共图书馆理事会制度进行规范,公共图书馆理事会制度也逐步开始成为一种稳定的社会制度,正式进入法治化阶段。这也进一步

---

① 浦东新区宣传部(文广局).管办分离 共同治理 服务读者:浦东图书馆法人治理改革时间探索研究[R].浦东新区宣传部(文广局),2016 年 12 月印行.

② 嘉定区图书馆理事会正式成立[EB/OL]. (2016-09-18)[2017-11-29]. https://wx. abbao. cn/a/7391-15ce9e0872b898b5. html.

③ 李国新.增强公共文化机构法人治理结构改革的系统性、整体性和协同性[EB/OL]. (2019-12-31)[2024-04-28]. https://www. workercn. cn/437/201912/31/191231091447740. shtml.

④ 燕继荣.国家治理及其改革[M].北京:北京大学出版社,2015:200-206.

说明,法治化作为公共图书馆实现善治的必然选择,是解决公共图书馆法人治理改革诸多体制机制障碍的根本出路,这也必将推动我国公共图书馆治理效能实现最大化。[①]

在国家宏观政策指导下,各级图书馆积极部署落实有关改革精神,至2020年底,全国至少已有406家公共图书馆完成了理事会组建及图书馆/理事会章程编制等工作,迈出了建立现代法人治理结构的第一步。[②]

第二节　中央政策法规的规定和要求

公共图书馆作为公益性事业单位,具有我国《民法通则》所确立的事业法人主体地位,其理事会为核心的法人治理结构在中国兴起的时间并不长,但作为一种法定治理方式,对中央制定出台的一系列相关政策法规进行梳理,能够为公共图书馆理事会制度未来的发展指明方向和道路。

一、中央文件精神

新世纪以来,特别是2005年底《中共中央、国务院关于深化文化体制改革的若干意见》正式颁布以来,党中央、国务院关于公共文化领域现代治理的一系列顶层设计、总体部署,为公共图书馆建立法人治理结构指明了方向。2007年,伴随着事业单位分类改革的推进,深圳图书馆等机构着手建立了公共图书馆理事会试点工作。

2011年,《中共中央、国务院关于分类推进事业单位改革指导意见》中指出,"面向社会提供公益服务的事业单位,探索建立理事会、董事会、管委会等多种形式的治理结构,健全决策、执行和监督机制,提高运行效率,确保公益目标实现"。

---

① 王冬阳.论公共图书馆法人治理结构建设的几个发展阶段[J].国家图书馆学刊,2014(3):34-40.
② 专题/公共图书馆法人治理结构改革[EB/OL].(2024-05-21)[2024-05-23].https://mp.weixin.qq.com/s/KBXuXk7gw0dxBKR9B9lYfw.

同年,作为《中共中央、国务院关于分类推进事业单位改革指导意见》配套文件的《关于建立和完善事业单位法人治理结构的意见》下发,其中"要把建立和完善以决策层及其领导下的管理层为主要架构的事业单位法人治理结构,作为转变政府职能、创新事业单位体制机制的重要内容和实现管办分离的重要途径"。"理事会作为事业单位的决策和监督机构,依照法律法规、国家有关政策和本单位章程开展工作,接受政府监管和社会监督"等,为公共图书馆建立和完善法人治理结构指明了方向。

2013 年,党的十八届三中全会通过的《中共中央关于全面深化改革若干重大问题的决定》指出,"按照政企分开、政事分开原则,推动政府部门由办文化向管文化转变,推动党政部门与其所属的文化企事业单位进一步理顺关系。建立党委和政府监管国有文化资产的管理机构,实行管人管事管资产管导向相统一","明确不同文化事业单位功能定位,建立法人治理结构,完善绩效考核机制。推动公共图书馆、博物馆、文化馆、科技馆等组建理事会,吸纳有关方面代表、专业人士、各界群众参与管理"。这标志着文化事业单位建立法人治理结构已经由理论问题变为实践问题。

随后中央文化体制改革和发展领导小组公布的《2014 年文化系统体制改革工作要点》及其《分工实施方案》要求,"按照中央的总体要求,分类推进文化事业单位改革,明确不同文化事业单位功能定位,完善绩效考核机制,深化事业单位内部人事、收入分配、社会保障制度改革。理顺政府与事业单位的关系,积极探索政事分开、管办分离的有效形式。推动文化馆、图书馆、博物馆、美术馆等组建理事会试点工作,吸纳有关方面代表、专业人士、各界群众参与管理,完善决策和监督机制,提高服务水平,提升使用效率"。

2015 年初,《关于加快构建现代公共文化服务体系的意见》强调,要"加大公益性文化事业单位改革力度。按照关于深化文化体制改革和推进事业单位分类改革的要求,理顺政府和公益性文化事业单位之间的关系,探索管办分离的有效形式。进一步落实公益性文化事业单位法人自主权,强化公共服务功能,增强发展活力,发挥公共文化服务骨干作用。全面推进人事制度、收入分配制度、社会保障、经费保障制度改革。创新运行机制,建立事业单位法人治理结构,推动公共图书馆、博物馆、文化馆、科技馆等组建理事会,吸纳有关方面代表、专业人士、各界群众参与管理,健全决策、执行和监督机制"。

2016 年底颁布、2017 年 3 月 1 日开始施行的《中华人民共和国公共文化服务保障法》,作为我国公共文化领域的基本大法,其第二十四条规定,"国家推动公共图书馆、博物馆、文化馆等公共文化设施管理单位根据其功能定位建立健全法人治理结构,吸收有关方面代表、专业人士和公众参与管理"。公共图书馆建立法人治理结构的内容被纳入该法律条款。

尤其是 2017 年 9 月,中宣部、原文化部、中央编办、财政部等 7 部门联合印发《关于深入推进公共文化机构法人治理结构改革的实施方案》提出,"加强党对公共文化机构领导,按照政事分开、管办分离要求,以公共图书馆、博物馆、文化馆、科技馆、美术馆为重点领域,推动公共文化机构建立以理事会为主要形式的法人治理结构,吸纳有关方面代表、专业人士、各界群众参与管理,落实法人自主权,进一步提升管理水平和服务效能"。同时,为公共文化机构法人治理结构的具体推进实施提出了明确的目标,即"到 2020 年底,全国市(地)级以上规模较大、面向社会提供公益服务的公共图书馆、博物馆、文化馆、科技馆、美术馆等公共文化机构,基本建立以理事会为主要形式的法人治理结构"。

2017 年 11 月,第十二届全国人民代表大会常务委员会第三十次会议通过的《中华人民共和国公共图书馆法》,作为习近平新时期中国特色社会主义思想在文化立法上的具体实践,其第二十三条更加明确:"国家推动公共图书馆建立健全法人治理结构,吸收有关方面代表、专业人士和社会公众参与管理。"为公共图书馆建立健全法人治理结构提供了法律依据。

此外,在《国家"十二五"时期文化改革发展规划纲要》《国家"十三五"时期文化发展改革规划纲要》《"十四五"文化发展规划》《关于推动公共文化服务高质量发展的意见》《"十四五"公共文化服务体系建设规划》等文件中,推动公共文化机构建立、推进、完善事业单位法人治理结构也一再被提及。

上述一系列政策法规的制定出台,推动我国公共图书馆以理事会制度为主要形式的法人治理结构开始向法治化轨道迈进。

二、中央文件提出的要求

上述中央政策法规从以下几个方面为公共图书馆理事会制度的建设发展做出了规定、提出了要求。

（一）要求政事分开

理顺政府文化部门与公共图书馆的关系。按照政事分开、管办分离的原则，一是要进一步转变政府职能，文化主管部门主要承担行业领域的发展规划、资格审批、规范标准、服务监管、表彰奖励等行业管理职能，要从公共图书馆具体业务的运作中摆脱出来，不干预公共图书馆的具体管理事务，加强对全行业领域的监督管理。二是发改、财政、人事、编办等政府其他相关部门，要按照各自职责范围，负责与公共图书馆现代治理相关的工作。

（二）突出法人地位

构建公共图书馆法人治理结构是推进政事分开、管办分离的关键，这就要求落实公共图书馆的独立法人地位，使公共图书馆承担具体管理运作的职能，强化其法人自主权，从落实人事管理自主权、扩大收入分配自主权等方面提出了一些配套措施，真正实现自主管理，并承担相应的法人责任，成为法治社会条件下的合格主体。

（三）完善治理结构

起源于公司企业法人治理结构的公共图书馆法人治理结构，通过建立由政府相关部门代表、文化领域代表、读者代表和其他相关方面代表组成的理事会制度，科学确定公共图书馆理事会及图书馆的功能定位，逐步健全并完善决策层、执行层和监督层三个方面的相互协调、分权制衡。

（四）强调管理机制

吸纳有关方面代表、专业人士、各界群众参与管理的理事会制度，需要健全决策、执行和监督机制，完善绩效考核机制，全面推进人事制度、收入分配制度、社会保障、经费保障等方面体制机制的改革，并通过制订章程的固化形式，将政府原有关于公共图书馆的内设机构、经费使用、人事聘任、绩效考评等职能顺利移交至公共图书馆,进一步提升公共图书馆的管理水平和服务效能。

(五) 加强党的领导

党的领导主要是政治、思想和组织领导。近年来,随着体制机制的完善,中国政党和政府"党政合一"的现象十分突出,政党影响着公共生活的各个方面①。党的十九大报告明确提出,要全面加强党的领导和党的建设,必须把党的领导贯彻落实到依法治国全过程和各方面。尤其是 2023 年 10 月,习近平总书记对全国宣传思想文化工作做出重要指示,提出"七个着力"的重大要求,其中居首位的即是"着力加强党对宣传思想文化工作的领导",这既是对新时代宣传思想文化工作实践经验的深刻总结,也是对新征程铸就社会主义文化新辉煌的科学指引。这就要求法人治理结构作为探索和创新党委和政府对公共图书馆"管人管事管资产管导向"的实现形式,要体现民主协商的精神,要坚持党的领导,要确保党的路线方针政策得到贯彻执行。②

第三节　现 实 制 约

由于我国体制机制长期以来固有状况产生的影响,以及文化体制改革、构建现代公共文化服务体系的起步时间不长,即便是中央政策法规对公共图书馆法人治理结构的实施推行提出了具体要求,但无法回避的是,仍有一些现实因素严重制约着包括公共图书馆在内的公共文化机构在理事会开展决策、落实独立法人地位等方面作用的发挥,不利于公共图书馆理事会制度的建设、发展和完善,这些现实制约包括以下方面。

一、政事不分

长期以来,我国公共图书馆的馆长及党委主要通过上级文化主管部门直

---

① 陈玲.制度、经营与共识:寻求中国政策过程的解释框架[M].北京:清华大学出版社,2011:29.
② 周建华.公共图书馆法人治理结构的分析与思考[J].图书馆建设,2014(12):71-75,79.

接任命管理,经费多由财政部门划拨、文化主管部门负责归口管理使用、审计部门参与监督,人事由政府编办、人社和文化主管部门共同任命管理,具体服务工作则多是文化主管部门或宣传部门指派管理。由于多头管理导致的领导多、意见多、指挥多、任务多等现状,文化主管部门与其他职能部门之间缺乏有效配合与衔接,工作管理中的协调、统筹难度大,为社会公众提供服务的效率仍有待提升,进而产生公共图书馆的不少任务执行起来力不从心、无所适从的现象,甚至使得官僚作风在一些公共图书馆及其主管部门中蔓延滋生,也由此导致图书馆中收受书商回扣、截留工程款项者不乏其人。① 党的十八大以来,服务型政府建设开始向纵深推进,特别是公共图书馆法人治理结构的建立,迫切要求逐步理顺政府部门与公共文化机构之间的关系,打破过去公共文化领域政事不分、管办不明的格局。

二、权责不清

作为中华人民共和国境内依法注册、依法登记的事业单位,公共图书馆虽然已经具有法人资格,但由于文化主管部门依法负责对其进行管理,公共图书馆在人事和财务等各个方面不能独立自主地处理相关业务。即便不少地方出现了馆长负责制,但由于馆长是文化主管部门直接任命,馆长决策的独立性不足,且鉴于聘任关系,馆长只需要向上级主管部门负责即可,并没有完全的法人组织管理层组阁权,也没有工作人员数量、结构的决定权②,并未真正行使管理层对法人组织的管理运营职能,公共图书馆法人的独立性较差。与此同时,在传统的公共图书馆的管理过程中,政府始终处于主导地位,政府强大的支配力、决定力,导致公共图书馆的实施主体与责任主体责任难以区分,也必然导致公共图书馆缺乏自主权。这些都不利于公共图书馆理事会制度的建设发展,政府包办的形式必然限制了公共图书馆理事会真正履行其决策权。

---

① 陈乔.铲除图书馆里的"蛀虫"[EB/OL].(2018-11-10)[2019-12-29].https://mp.weixin.qq.com/s? src=11&timestamp=1715920211&ver=5265&signature=630b0KT8KPV4uuLKN9Wp9LpBUuaai9dhN*cHafWS65pjv3gcKcZtfYU7PIqZAvGe1iNsuMtJZmHO37tMu8r3WcHXDhErkgq9OjaA8HHDvJkzszch5bahc*-m1A1SPQ9N&new=1.

② 李国新.公共图书馆法人治理:结构·现状·问题·前瞻[J].图书与情报,2014(2):1-6,9.

三、监管不力

我国公共图书馆主要依靠政府单项投入,在财政使用监管、管理层监督、服务效能评价反馈等方面缺乏有效的制度保障,导致监管力度不够,监管效果不够理想。另一方面,引导阅读、推广阅读作为公共图书馆义不容辞的责任,其建设发展长久以来过分依赖地方政府投入,这使得政府财政投入趋于分散化,"马太效应"愈发明显,即容易出现经济愈发达地区财政投入愈是不断倍增,使得各类资源重复建设时有发生,政府临时委派任务时有出现,公共图书馆开展业务越来越繁复;而经济不发达地区资金持续短缺,甚至国家拨付的免费开放资金被挪作他用,难以落到实处,更遑论相关配套资金的投入,"重建设,轻功能"的现象还较为普遍,一些地方公共图书馆连最基本的业务都难以为继。上述问题反映了公共图书馆各项工作监管方面的漏洞,导致很多具体工作有规划难落实,亟需通过建立信息披露、财务审计、绩效评估、社会监督等一系列监管制度,实现公共图书馆的高效、依规治理。

四、社会参与度不高

公共图书馆作为社会公益性文化单位,确保社会参与是其保障公益目标的实现方式之一,它不仅包括公众参与公共图书馆的各项服务活动,还包括公众参与公共图书馆的治理工作,能够有效弥补政府供给方面的不足。但是,我国行政化的公共文化管理体制在一定程度上限制了社会力量参与公共图书馆的建设发展,尤其在各级政府对社会力量和民间资本参与使用管理的体制机制尚不健全的前提下,社会评价监督、拓宽融资渠道等方面还缺乏相应的配套制度规范,渠道不畅、捐赠无门的现象屡见不鲜,社会力量和民间资本难以发挥其应有的效能。依据国务院办公厅《关于建立和完善事业单位法人治理结构的意见》的要求,公共图书馆作为直接关系人民群众切身利益的事业单位,其理事会中"本单位以外人员担任的理事要占多数",也正是体现了吸纳社会力量参与公共图书馆治理的一种创新举措。

第四节 试点实践

一、中央层面推进试点

2014 年 8 月,原文化部启动了公共文化机构法人治理结构建设试点工作(详见附录 4),按照严控数量、提高质量的要求,在各省推荐的基础上,原文化部在全国遴选了 10 个国家级公共文化机构试点,其中公共图书馆试点就有7 个,涵盖了东、中、西不同地域、不同层级、不同类别的公共图书馆(见表3-1),并按照两年左右时间周期的安排进行实践摸索。《2018 年文化工作要点》又特别指出,推进省级以上公共文化机构法人治理结构改革试点工作,探索形成一批法人治理结构建设模式[1],这也在一定程度上表明了中央对公共文化机构法人治理结构试点推广的决心。试点工作开展多年来,各试点地方和单位大胆探索、积极实践,在相关领域取得了改革实践的积极进展。

表 3-1 国家级公共图书馆法人治理结构建设试点机构名单

序号	试点单位	举办单位	位于区域[2]
1	河北省唐山市丰南区图书馆	河北省唐山市丰南区文化体育局	中部
2	山西省朔州市图书馆	山西省朔州市文化广电新闻出版局	中部
3	南京图书馆	江苏省文化厅	东部
4	浙江图书馆	浙江省文化厅	东部

---

[1] 2018 年文化工作要点[EB/OL].(2018-01-08)[2018-01-29].http://www.xinhuanet.com/culture/2018-01/08/c_1122227961.htm.

[2] 本书对全国东、中、西部地区进行划分是按照示范区(项目)创建过程中采用财政部提供的经济学标准,其中,东部地区包括北京、天津、辽宁、上海、江苏、浙江、福建、山东、广东等 9 个省(市);中部地区包括山西、吉林、黑龙江、安徽、江西、河南、湖北、湖南、河北和海南等 10 个省;西部地区包括四川、重庆、贵州、云南、西藏、陕西、甘肃、青海、宁夏、新疆、广西、内蒙古、新疆兵团等 13 个省级行政区。另外,湘西吉首、鄂西恩施、吉林延吉也被划到了西部。

（续表）

序号	试点单位	举办单位	位于区域[②]
5	浙江省温州市图书馆	浙江省温州市文化广电新闻出版局	东部
6	广东省深圳市福田区图书馆	广东省深圳市福田区文化体育局	东部
7	重庆图书馆	重庆市文化委员会	西部

（一）形成参考经验

在推进试点工作中，各地着眼于破解体制机制障碍，重点围绕转变政府职能建立法人治理结构，进一步强化法人地位，明晰政府和事业单位权责，促进了决策科学化、民主化，争取到更多支持。这其中以组建理事会为标志，形成了几种比较有代表性的经验做法：

一是以重庆图书馆等为代表，大多数公共图书馆试点采取的议事决策型理事会，这种理事会制度较为适合我国的国情。即公共图书馆在不改变人事、财政管理体制的前提下，对政府行政部门、理事会和图书馆管理层的事权作了较为明确的职权界定，赋予了图书馆理事会和管理层更多的业务决策权。

二是在前一种治理类型的基础上，将监督职能纳入其中。这种以决策、监督为主要治理内容的理事会以深圳福田区图书馆为代表，即通过吸纳更为广泛的理事会成员，强调理事会担负起的图书馆监督职能。

三是以温州图书馆为典型，大胆尝试由社会代表"掌舵"的理事会制度。该理事会投票选举温州总商会副会长李国胜为理事长，且充分发挥并盘活理事会各成员的社会影响与资源，设立了400万元的发展基金，极大地促进了理事会履行社会资金募集的职能。

（二）奠定政策基础

各试点地区把实践探索与制度建设相结合，促进政事分开和管办分离，并相继制定出台了一批包括图书馆章程、理事会章程等在内的制度设计规范，提升了试点的科学化、规范化水平，增加了公共图书馆的发展活力与动力。由于试点推进改革的一系列做法，为文化部门落实中央改革任务，并为中央后续制定出台《关于深入推进公共文化机构法人治理结构改革的实施方案》等文件提供了实践案例和一手资料。

（三）发挥试点溢出效应

在试点工作推进的过程中，原文化部多次组织召开工作推进会、座谈会和现场经验交流会，并通过新闻媒体对试点经验进行了广泛宣传，让文化系统、其他部门和社会各方面对改革工作加深了解和认识。特别是在《关于深入推进公共文化机构法人治理结构改革的实施方案》文件下发后，各试点地方和单位在原有工作基础上，根据中央要求进一步完善工作措施和制度，示范带动作用不断增强，成为落实中央文件精神、在全国范围推进文化改革发展的排头兵和突破口，激发出更多公共图书馆比优争先的热情，带动了更多地方的公共图书馆尝试探索法人治理结构的新模式。[①]

尽管中央文化主管部门主推的公共文化机构法人治理结构试点工作已取得一定成效，但仍面临诸多问题。仅以中央七部门《关于深入推进公共文化机构法人治理结构改革的实施意见》衡量，不少单位的改革仍存在差距，一些公共文化机构的理事会制度只是流于形式，更有一些公共文化机构对这项改革存有疑虑或畏难情绪，基层干部群众对这项改革的满意度、获得感也不尽如人意。

二、地方层面协同试点

根据原文化部确定的国家级公共图书馆法人治理结构试点工作的要求，以及试点工作推进中存在的问题，对省级、市级、县级等不同地方层面较具代表性的公共图书馆理事会制度试点进行梳理，有益于发现经验、找出问题、总结推广。

（一）省级层面

1. 浙江图书馆

2014 年 1 月，浙江图书馆启动法人治理结构专题调研，同年 6 月和 9 月，

---

① 文化部公共文化司.关于基本公共文化服务标准化、基层综合性文化服务中心和公共文化机构法人治理结构建设试点工作进展情况的报告[R].公共文化司,2016 年 8 月印行.

浙江图书馆先后被确定为浙江省文化厅和原文化部的公共文化机构法人治理结构试点单位。在积极稳妥、锐意进取的改革进程中,浙江图书馆逐步建立了适应当代社会发展的治理制度,并在项目定制、人员聘用、经费支出等方面探索与社会需求相对接的决策机制,梳理责任清单,明确各自职责,逐步建立符合浙江图书馆发展需求的新型决策监督机制,形成理事会决策监督,馆长(党政联席会议)负责、民主管理为主要内容的制度框架。

一是建章立制,以法律文件明确管理体制。通过制定图书馆业务清单、举办单位(文化主管部门)权利清单、理事会职权清单、管理层职权清单,梳理浙江图书馆各利益主体的权责关系(见图 3-1)。与此同时,浙江图书馆还通过广泛讨论、媒体公示征求意见、职工代表大会审议、省文化厅核准、省事业单位管理局登记生效等流程,制定出台《浙江图书馆章程》,该章程于 2015 年 7 月正式生效(详见附录 6)。《章程》作为浙江图书馆法人治理结构改革的基石,明确了法人属性、举办单位权利,确立了理事会决策地位,规范了法人组织内部各方权利义务,规定了法人组织机构运行机制。

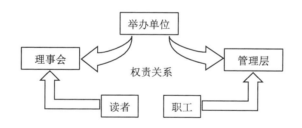

图 3-1 浙江图书馆各利益主体权责关系图

二是组建具有广泛代表性的理事会。2015 年 12 月,浙江图书馆首届理事会成立,并作为图书馆内部的决策和监督机构,由 13 名理事组成①。以组建具有广泛代表性的理事会为目标,按照由社会理事担任理事长、不同行业理事代表各 1 名、要有杭州以外省内代表等要求,设定理事会组成结构。其中,社会力量除要求年龄不超过 70 岁,热心公益、政治文化素质高等条件外,

---

① 理事会成员中举办单位委派 1 名、公开招聘社会理事 9 名、图书馆内部产生 3 名(馆长和党组织负责人均为当然理事)。

还需满足下列条件一项以上：与图书馆关系密切的专业人士，如作家、媒体人等；图书馆的服务对象，如高校、企业、基层图书馆或普通读者等；与公众保持密切联系的专业人士，如人大代表、政协委员、律协和科协成员等①。与此同时，浙江图书馆理事会组建本着公开原则，经由报纸和网站发布《浙江图书馆理事会社会代表理事招募公告》，并由理事会筹备工作小组提出候选对象39人（职业涵盖作家、企业家、经济师、科研工作者等），浙江省文化厅经过综合评审等相关程序和理事会预备会议选举，最终聘任了理事长和理事。

三是法人治理结构规范运行。浙江图书馆通过理事会会议制度、工作报告制度、信息公开制度等方式规范运行机制。首先，从传统管理向公共治理的理事会制度转变，各理事从不同视角出发，在决策过程中提出各自的意见和建议，提高了决策的科学性，先后通过了《浙江图书馆理事会议事规则（试行）》、2015年工作总结和决算报告、2016年工作计划与财务计划、2017年和2018年预算报告，以及2017年进人计划、增设中层机构、完善管理层结构等历年年度重点工作。其次，通过浙江图书馆读者意见月报、浙江图书馆业务统计月报等形式，形成有效监督，规范图书馆日常管理。再次，充分发挥理事的专业能力，提升图书馆服务的品质，增强图书馆工作的社会参与度，扩大公共图书馆的影响力。最后，理事长自任命以来，尽职尽责，多次听取馆长汇报工作，审定议题，主持会议和调研，严格把关会议纪要，对理事会各项工作高度负责，充分发挥主导作用。②

2. 重庆图书馆

2013年，重庆市编办确定重庆图书馆为全市事业单位法人治理结构改革试点单位。2014年，国家文化主管部门又明确重庆图书馆为全国10家公共文化法人治理结构改革试点单位之一。近年来，重庆图书馆稳步推进事业单位法人治理结构改革，坚持强化公益属性，着力创新管理体制和运行机制，并

---

① 浙江图书馆首届理事会中，有全国人大代表、省人大代表各1名，省政协委员3名，还有在国家文献领域有突出贡献的大学教授、经验丰富的作家和媒体主持人、文化行政官员、企业负责人、法律专业人士、普通读者即在校在读研究生和基层图书馆的高级管理人员等。

② 浙江图书馆.浙江图书馆法人治理结构试点工作汇报［R］//2017年文化馆年会，2017年11月印行.

加强监管,尽可能保持与现有运行体制的有机衔接,使试点工作取得了一定经验和成效。

一是前期筹备充分。2014 年 6 月,成立重庆图书馆深化改革领导小组,制定完成《重庆图书馆法人治理结构改革实施方案》。2014 年 8 月,制定完成《重庆图书馆理事会章程》,后结合专家意见和建议,将《重庆图书馆理事会章程》改名为《重庆图书馆章程》,对理事会构成和理事会职权等方面进行了相应修改。2015 年 4 月到 7 月,结合重庆市编办、市文化委和有关专家所提出的意见和建议,又对《重庆图书馆章程》的架构和制度设计进行了认真梳理和讨论修订。2015 年 7 月 30 日,中共重庆市委全面深化改革领导小组文化体制改革专项小组审定通过《重庆图书馆章程》。依据《章程》所规定的面向社会公开选聘,在自愿报名或组织推荐的基础上由举办单位遴选,最终推选并产生 15 名理事候选人(政府机构、社会人士、图书馆代表各占三分之一)。2015 年 9 月,重庆市文化委员会召开专题会议,确定了重庆图书馆的理事长、理事和秘书长名单。随着重庆图书馆理事会正式成立,理事会权利责任清单被列出来,其中,图书馆管理层主要领导由理事长提名,并赋予理事会对管理层工作计划的审定权和绩效考核权,管理层工作需定期通报。

二是治理利益各方职能明晰。重庆图书馆治理的各利益相关方众多,且职能定位也较为明确,包括举办单位拥有委派理事、任命理事长、审定任命馆长及副馆长等主要权利;理事会作为决策监督型机构,设理事长、副理事长各1 名,理事长由市文化委员会委任,副理事长由理事会选举产生,并主要承担审议决定重庆图书馆章程、业务发展规划、年度工作计划及报告、主要管理制度、提名馆长人选、财务预算决算、监督管理层执行情况、对图书馆工作进行年度绩效评估等职权;管理层由馆长和副馆长组成,馆长的产生方式为理事长提名,由理事会审议通过后,报重庆市文化委员会审定后按现有组织程序任命,并由理事会聘任。

三是理事会运行规范有序。首先是召开理事会会议。2016 年 3 月 25 日,重庆图书馆第一届理事会第一次会议召开,选举产生了副理事长,审议并表决通过了《重庆图书馆章程》《重庆图书馆 2015 年工作总结》《重庆图书馆

2015年财务决算和2016年财务预算报告》等工作报告,形成了《重庆图书馆第一届理事会第一次会议纪要》。其次是开展理事会秘书处日常工作。设立重庆图书馆理事会秘书处,由专职工作人员负责理事会的日常事务工作,定期向各位理事通报工作情况。再次是明确举办单位、理事会、管理层的责权划分。由理事会秘书处起草完成《重庆市文化委员会授权重庆图书馆理事会权利清单》和《重庆图书馆法人治理结构改革举办单位、理事会、管理层权利责任清单》,并向全社会征求意见,从制度上落实理事会的决策监督职能,权责更加明晰,防止理事会出现"空转"。此外,理事会管理运营实现"章程化"。2016年11月,理事会秘书处完成《重庆图书馆理事会决策失误追究制度》《重庆图书馆信息公开制度》和《重庆图书馆工作绩效评价制度》,旨在推动法人治理结构工作依法进行。[①]

3. 南京图书馆

2014年年初,南京图书馆在讨论研究全年计划时,提出争取在江苏省率先进行以建立理事会为重点的法人治理结构改革试点。同年,南京图书馆又先后被原文化部和江苏省政府列为法人治理结构改革试点单位,得到原文化部和江苏省委、省政府的高度重视和大力支持,特别是江苏省委、省政府领导亲自关心、做出批示。

一是认真部署工作。2014年11月28日,南京图书馆召开理事会、监事会成立大会。首届南京图书馆理事会由14人组成,包括人大、政府方代表3名,社会方代表6名,馆方代表5名,省文化厅党组成员、南京图书馆党委书记方标军被任命为首届南京图书馆理事会理事长。首届南京图书馆监事会由5人组成,包括政府方代表1名,社会方代表2名,馆方代表2名,省纪委驻省文化厅纪检组副组长、监察室主任郭平被委派为首届南京图书馆监事会监事长。在南京图书馆理事会、监事会成立大会后,理事会召开了第一次工作会议。

二是制定出台政策。在上级主管部门的指导下,经多方沟通、反复论证,

---

① 重庆图书馆. 推进法人治理结构改革 提升公共文化机构效能[R]//2017年文化馆年会,2017年11月印行.

南京图书馆结合本馆实际情况,拟定了《南京图书馆章程》。章程包括十一个部分六十八条,明确规范了法人治理结构中理事会、监事会、管理层和党委会的职能作用,全面确立了南京图书馆新的运行管理机制。此后,南京图书馆又先后制定出台了《理事会议事规则》《监事会议事规则》《行政办公会议事规则》《党委会议事规则》和《管理层考核细则》,通过这五项具体规则的实施,规范法人治理结构的运行,确保法人治理结构能够发挥最大限度的作用。

三是建立理事会管理体制。南京图书馆法人治理结构初步建立后,形成了"四位一体"的管理体制。其中,四位是指理事会决策、管理层执行、监事会监督、党委会保障;一体是指理事会、管理层、监事会、党委会分工不分家,围绕着南京图书馆事业发展的大局,齐心合力,各尽其职。①

(二)市级层面

1. 山西省朔州市图书馆

经过广泛查阅国内外文献以及相关政府文件,参照国内成功案例,结合地域、人文特点以及图书馆内部人员组成情况,2015 年 12 月 30 日,山西省朔州市人民政府办公厅专门下发《关于印发朔州市图书馆法人治理结构改革试点工作实施方案的通知》(朔政办发〔2015〕100 号),成为全国首家由当地政府发文通过公共图书馆法人治理结构试点单位实施方案的地方。

一是组建图书馆理事会。为确保理事会构成具有广泛代表性、体现事业单位的公益属性,本着规范透明、公平公正的原则,朔州市图书馆公开面向社会招募理事,并由图书馆初步拟定理事人选,报市文化局审核同意后进入理事选聘阶段。2015 年 11 月 25 日,来自政府(3 名)、社会(8 名)②、举办单位(1 名)、图书馆职工(3 名)等领域的代表 15 人组成第一届图书馆理事会。2016 年 5 月,朔州市图书馆理事会成立大会聘任了首届理事,随后召开的朔州市图书馆第一届理事会第一次会议,审议通过了《朔州市图书馆章程》及工作报告制度、绩效评价制度、决策失误追究、信息公开等四个配套制度,并且

---

① 南京图书馆. 推进法人治理结构改革 提升公共文化机构效能[R]//2017 年文化馆年会,2017 年 11 月印行.

② 社会成员包括来自市编办、市人社局、市财政局的政府人员,也有文化界、工商界的知名人士。

成立了专业委员会。根据《章程》，朔州市图书馆理事会是朔州市图书馆的议事和决策机构，负责确定朔州市图书馆的发展战略和发展规划，行使朔州市图书馆重大事项议事权和决策权，且理事会对朔州市文化局负责。

二是重建图书馆管理层。理事会成立后，朔州市图书馆管理层岗位设置根据实际业务需要申请编制部门重新核定：馆长按照干部管理权限由主管部门会商市委宣传部提出初步人选，经理事会推选，报市委常委会研究后由市政府任命；副馆长由朔州市图书馆会商主管部门提出初步人选，经理事会推选，推选结果报主管部门履行任免程序；其他管理岗位由市图书馆提出人选，报理事会研究同意后自主聘任，并按照人事管理权限报有关部门备案或批准。

三是创新机构编制管理。朔州市图书馆提出"公司化管理、酒店式服务、公益化运作、项目制推进"的管理理念，实行机构编制备案制和岗位限额制。具体为内设机构设置、编制部门核定限额，即图书馆根据工作需要在限额内自主设置，报编制部门备案。图书馆根据需要设定岗位总量，编制不足则可申请政府购买服务岗位。政府购买服务限额人员和在编人员在岗位、职称评定等方面享受同等待遇，有序实现了各项内部管理机制的改革。

四是创新人事薪酬制度。一方面，按照"按需设岗、优化结构、精简高效"的原则，科学设置管理岗位、专业技术岗位和工勤技能岗位，合理配置各类人员比例。另一方面，建立了符合图书馆业务特点、体现岗位绩效的工作人员收入分配制度，以岗定薪，岗变薪变，全面推行岗位绩效薪酬制度。财政部门根据在编人员、政府购买服务人员核定图书馆人员每年的工资总额，而图书馆理事会按照图书馆岗位特点根据财政核定的人员工资总额制定具体的职工收入分配方案，分配方案上报市人社部门核准，文化主管部门备案。绩效工资从工资总额中按一定比例提取，分配向关键岗位、高层次人才、业务骨干和成绩突出的工作人员倾斜，如绩效工资不足，经财政部门和文化主管部门批准后可从朔州市图书馆事业发展基金中解决。

五是设立朔州市图书馆事业发展基金会。由朔州市图书馆理事会发起，申请政府注入资金 100 万作为图书馆改革发展基金的基础金，鼓励社会团体、企事业单位和个人捐赠,所募集基金主要用于图书总分馆制建设、理事会工作经费等图书馆事业的拓展。①

2. 浙江省温州市图书馆

自党的十八届三中全会以来,温州市图书馆根据原文化部、省文化厅要求,于 2014 年 2 月开始法人治理结构试点工作,同年 6 月组建成立第一届理事会,10 月入选中央文化主管部们的试点单位。作为全国公共文化机构法人治理的试点单位,温州市图书馆及主管部门深刻领会改革意义,明确改革目标,提出三点共识,即法人治理结构试点是探索公共文化机构社会化管理的重要途径、关键是要吸引社会力量参与、改革要坚定彻底而绝非做表面文章。基于此,温州坚持从理念到行动的彻底改革,在理事构成、理事长人选、治理结构等方面精心设计,在理事会权力、理事会职责和理事会运行等方面大胆创新,积极探索图书馆的法人治理道路。

一是领导重视,创新思路,做好顶层设计。温州图书馆法人治理结构试点工作得到各级领导和相关部门的高度重视和支持。在原文化部、浙江省文化厅领导及专家学者的关心、帮助下,在市委、市政府领导的指导下,温州市文广新局开展精密的工作部署和顶层设计,确定了建立以理事会为决策议事机构、管理层为执行机构、监事会为监督机构的"三位一体"的事业单位法人治理结构。

二是围绕核心,抓住重点,构建治理结构。温州市图书馆紧紧抓住理事会这一法人治理结构试点核心工作,为确保理事参与主动性、来源广泛性和成员代表性,率全国之先,面向社会公开招募理事,最大限度地吸引各阶层代表加入理事队伍,形成了广泛影响。第一届理事会成员 13 名,其中主管部门委派 1 名、市图书馆代表 2 名,社会代表 10 名②。理事会选举温州总商会副会长李国胜为理事长,温州晚报高级编辑郑雪君为副理事长。此后又成立监

---

① 山西省朔州市图书馆. 公共文化机构法人治理结构试点自评报告汇编[R].文化部公共文化司,2016 年 11 月印行。
② 10 名社会代表中包括工商企业界代表 3 名、文化教育界代表 3 名、读者代表 3 名和图书馆志愿者代表 1 名。

事会,成员由市财政局、主管部门、图书馆各1名,读者代表2名,共5人组成。理事会与监事会的构成,充分体现了温州市图书馆接纳社会公众参与管理和接受社会监督的决心。

三是建章立制,理顺责权,完善运行机制。《温州市图书馆章程》起草历时半年,经多方征求意见,调研讨论,反复修订,最后报请市编委办审定通过。《章程》明确了理事会的人、财、事权,厘清了政府主管部门、理事会、管理层三者的责权关系。并为持续推进试点工作,温州市文化主管部门又专门研究政策,进一步明确了理事会享有的权利,规范了酝酿表决、"一票否决"、听证等议事规则,建立了理事会工作报告、决策失误追究、信息披露和履职评价制度等约束机制,使法人治理结构的运行有了相对完备的制度保障。

四是规范运行,大胆实践,发挥理事会作用。首先是成立了理事会工作部,负责日常事务性工作,定期向理事汇报馆内工作;其次是推出理事接待日活动,让理事轮流接待读者,征询收集读者建议并反馈给图书馆管理层;再次是按期召开会议,充分发挥理事会的决策职能,审议"温州市图书馆十三五规划""温州市图书馆馆舍改造方案"等全馆重大规划和项目,以及年度工作总结和计划、财政预决算等;然后是理事会广泛参与图书馆业务开展,如承办"2014年中国图书馆年会"法人治理结构建设专题分会场,理事积极参与城市书房建设、基层公共文化调研和图书馆举办的重要文化活动,由理事长担任全民阅读"阅读形象代言人"、代表理事会积极向市财政和人事局沟通协调争取政策支持等;此外,实现了理事会参与图书馆工作考评,考评结果作为班子成员工作评议和绩效工资的重要依据,占30%的权重;特别是理事会发起成立了"温州市图书馆发展"基金会,并负责基金会运作,探索利用社会资本发展图书馆事业。

五是勇于突破,打破瓶颈,不断深化改革。2016年7月,温州市文广新局、市财政局、市人力资源和社会保障局和市机构编制委员会办公室四家单位联合印发《关于进一步深化温州市图书馆法人治理结构工作的意见》,再度明确并进一步深化了理事会在人事管理、财务管理、事务管理和基金会管理等四个方面的权利。在人事管理方面,理事会负责图书馆重要方案制订、中层干部竞岗任免和考核,参与领导班子人选推荐提名、年度工作考评,招聘岗位设置及研究生以上学历人员的招录。在财务管理方面,理事会负责审议财务预决算、财政投资项目绩效考核、重大工程项目以及调整各类项目经费。在事务管理方面,理事会负责审议图书馆重大事项和重要规章制度,批准实施读者服务项目和服务内容。在基金会管理方面,理事会负责制定基金会章程,审议基金会经费使用合理性,选举、罢免基金会理事长,决定基金会重大业务活动。2016 年 11 月,温州市委办公室下发《温州市改革创新容错免责办法(试行)》,进一步推动了图书馆法人治理改革创新,激发了社会代表参与公共文化建设与管理的积极性。①

(三) 县级层面

1. 河北省唐山市丰南区图书馆

2014 年 9 月,河北省唐山市丰南区图书馆被确定为中央文化主管部门公共文化机构决策型法人治理结构试点单位。2014 年 12 月,河北省文化厅下发《关于进一步做好公共文化机构法人治理结构试点有关工作的通知》(冀文社字〔2014〕55 号),明确了丰南区图书馆法人治理结构试点工作的意义和具体指导意见,并将此项工作纳入河北省文化厅 2015 年重点工作。

一是领导重视,出台系列政策文件,完成前期准备。丰南区委区政府对区图书馆法人治理结构试点工作给予了高度重视,并在国家、省市文化主管部门的督导下,经丰南区文广新局的统一部署与协调,在学习其他地区先进经验的基础上,结合自身实际情况,从完善基础、打造团队、规范管理、深化服务、提升效能等方面入手进行改革。2015 年 5 月,丰南区政府公布丰南区事业单位法人治理结构试点工作领导小组名单,由时任区委常务副区长(现任区长)任组长,区编办主任、人事和社会保障局局长、财政局局长、文广新局局长等为成员,并通过了《唐山市丰南区图书馆法人治理结构改革试点工作实施方案》。2015 年 6 月,丰南区编办、人社局、财政局又联合下发《关

---

① 浙江省温州市图书馆.公共文化机构法人治理结构试点自评报告汇编〔R〕.文化部公共文化司,2016 年 11 月印行.

于进一步落实和规范区事业单位法人治理结构建设试点单位法人自主权的意见》。

二是制定出台《唐山市丰南区图书馆章程》，试点进入实质性阶段。唐山市丰南区文广新局在充分调研学习的基础上，结合丰南图书馆的实际现状并充分考虑未来发展，研究制定《唐山市丰南区图书馆章程》，并于2015年10月得到丰南区政府批复。作为法人治理结构试点的基础性文件，《章程》从图书馆宗旨和业务范围、举办单位权利、资产管理和使用、信息披露等方面对图书馆的整体工作进行了明确界定，着重对理事会的构成、职责范围、理事会会议、管理层产生及其权利义务做了详细规定。《章程》明确了丰南图书馆理事会为决策型理事会，负责审议图书馆业务发展规划、财务预算和决算、重大项目实施、图书馆法定代表人提名及其他管理层人员的聘任等工作。监事会由丰南区文广新局局长、主管局长、文化科长组成，理事会通过的决议事项需向监事会报告，监事会监督图书馆管理层的日常工作。

三是组建理事会，试点工作顺利推进，步入正轨。按照《章程》规定，唐山市丰南区图书馆理事会由9名理事组成，包括举办单位代表1名、图书馆代表2名、文化教育界代表2名、企业界代表2名、市内图书馆专家1名、读者代表1名。鉴于法人治理结构试点在当地的社会认知度不够，在征得丰南区事业单位法人治理结构试点工作领导小组同意后，首届理事会人选采取广泛遴选与慎重邀请相结合的方式，保证了社会理事比例达到三分之二，同时，鉴于时任区文广新局局长田殿江同志即将卸任及其对图书馆事业的热爱和精通，特聘其为理事长。2015年10月6日，丰南图书馆第一届理事会第一次会议正式召开，由理事长提名原华北理工大学图书馆书记黄晓鹂、唐山通达集团董事长秦英任副理事长，提名区图书馆馆长任执行理事，并严格按照理事会决议负责丰南图书馆的重大工作事项。此次会议还审议通过了《唐山市丰南区图书馆章程》《丰南图书馆工作情况汇报及近期工作计划》及《丰南图书馆十三五规划》。

四是理事会制度逐步调整完善。理事会成立以来，为解决集中议事困难的问题，区文广新局主管负责人协同执行理事通过上门交谈、电话联系、微信沟通等方式,积极组织与理事会成员开展协商议事,先后审议通过了《丰南图书馆关于理事会成员加强议事沟通交流的建议》《唐山市丰南区图书馆奖励性绩效工资实施办法》《丰南图书馆部门设置及职责》《丰南图书馆中层岗位竞聘实施方案》《丰南图书馆关于编外人员担任中层管理岗位和专业技术骨干岗位待遇的管理办法》《关于周末、寒暑假及节假日招募短工的实施方案》等多项工作改革制度,在扩增编制指标、破格提升核心技术人才、增设劳务派遣人员绩效补助、调整图书馆中层机构设置、实现竞聘上岗等方面积极努力,在很大程度上解决了多项图书馆治理难题。[①]

2. 广东省深圳市福田区图书馆

2014年9月,深圳市福田区图书馆被原文化部列为"公共文化机构法人治理结构"国家级试点单位。经过探索实践,福田区公共图书馆逐渐形成了"理事会"+"总分馆"的治理模式,在推进共同治理、激发社会参与、创新发展活力、促进交流合作等方面取得了实效。

一是建立健全法人治理组织架构。成立由15名理事组成的首届理事会,设理事长、执行理事、秘书各1名;其中,代表境外专家、社科界、社会组织、服务对象等的理事占80%,代表政府部门和举办单位的理事占20%。理事会下设文献资源建设、阅读推广指导、绩效评估考核等3个专业委员会,以促进理事会工作的科学化、规范化和专业化,为理事会提供决策支撑。

二是有效履行决策监督职责。通过理事工作会议及专业委员会会议,理事会对全区公共图书馆建设、管理运营等相关重点工作、重要事项进行决策,对不切实际的项目行使否决权,先后审议福田区公共图书馆年度经费预算、全区图书馆阅读推广活动方案等四十余项工作文件及业务项目。与此同时,积极引入社会第三方绩效评估机构,在全区街道、社区图书馆中设立绩效评估考核试点,指导监督公共图书馆的运营管理和服务效益。特别是理事会突破了行政部门单一监管模式,对全区实施"五统一"[②]的"1个区总馆+10个街

---

① 河北省唐山市丰南区图书馆.公共文化机构法人治理结构试点自评报告汇编[R].文化部公共文化司,2016年11月印行.

② "五统一"即统一拨款、统一采购、统一编目、统一配置、统一服务的总分馆制管理新模式。

道分管＋97个社区馆(包含3个合作馆、4个主题馆)"三级公共图书馆服务网络体系的重大业务事项行使集体议事权、决策权和监督权,充分体现了改革"共同治理、提升效能"的初衷。

三是精准设计各项制度。将理事会定位为全区总分馆体系(区、街道、社区三级公共图书馆服务体系)的议事、决策和监督机构,由理事会负责审定全区公共图书馆发展战略和发展规划,行使福田区公共图书馆重大事项议事权、决策权和监督权。同时,理事会对福田区公共文化体育发展中心负责,逐步完善理事会构成机制、推举机制、决策机制和监督机制,规范理事会的运行,并通过制订《福田区公共图书馆理事会章程》《福田区公共图书馆理事会决策失误追究制度》等8项规范性文件,完善理事会运行机制,为理事会正常发挥作用提供制度保障。

四是完善相关配套政策。通过深入基层调查研究和绩效分析,完成《福田区公共图书馆服务效益调研分析报告》;积极推动修订《福田区公共图书馆管理办法》,邀请各街道代表、人大代表、政协委员、文化议员、专家学者等社会各界人士进行讨论,征求各方意见建议,不断完善《办法》,推动福田区公共图书馆管理与运营的规范化、标准化、国际化、社会化、科学化发展。

五是努力激发社会力量参与图书馆治理。鼓励社会资源参与设施建设与管理运营,与园区、企业、协会及相关部门合作创办深圳文化创意园图书馆、法治文化主题图书馆、绿色低碳主题图书馆、华强北商圈主题图书馆和网咖主题图书馆等5家主题图书馆,由区图书馆提供馆藏文献及部分设备,合作方负责装修、设备购置和后续运营管理,有效弥补社区公共文化服务设施不足的短板。此外,积极发挥理事会和专家委员会作用,引入公益阅读组织和社会公益机构参与社区活动,建立公共图书馆志愿者工作管理制度,通过区总馆、街道社区图书馆、主题分馆的服务平台以及各类阅读推广开展活动。

六是促进国内外业界交流互动合作。首先是首届理事会成功引进2名境外图书馆界专家加入,并邀请他们参加首届"书香福田论坛",为深圳图书馆界带来国际化的服务理念和新思维。其次是借助理事会平台和理事的丰富资源,使系列活动国际化元素进一步凸显。此外,还多次邀请台湾知名阅读推广人陈富珍及理事会成员参与总分馆业务培训授课。改革项目先后吸引江苏、江西、四川、重庆等省市相关单位 40 批 400 余人到福田考察交流,业界影响较大。①

第五节　试点工作中的突出问题

一、结构式访谈方法

为更好地了解公共图书馆法人治理结构的试点情况,2019 年 8 月底至 10 月上旬,课题组成员通过面对面、电话或电子邮件等方式开展为期一个半月的访谈工作,分别从每个国家级试点机构中各选取 2 名理事会成员、2 名图书馆从业人员,共计 2 类、28 人次进行了自编的结构式访谈②。通过此种访谈形式,能够借助"语言"这一媒介,逐渐挖掘和接近真实。③

受访者中,除前期资料搜集、实地调研阶段结识的同意接受访谈的试点机构相关人员外,多数是由前期试点机构联络人员推荐并由课题组成员根据职务、职称、年龄、学历等特征综合筛选出来的,个别受访者更是通过课题组成员个人接触并结合"滚雪球"的方法确定出来的,以期达到广泛的代表性(见表 3-2)。在访谈过程中,课题组成员依据访谈提纲向每位受访者进行提问(访谈提纲见附录 7),并对疑惑点或兴趣点进行了进一步的追问。

---

① 广东省深圳市福田区图书馆. 公共文化机构法人治理结构试点自评报告汇编[R].文化部公共文化司,2016 年 11 月印行.

② 结构式访谈又名标准化访谈,常用于定量的调查研究中,该方法对每一位被访者精确地提出同样顺序的同样问题,以确保不同样本群之间或不同测量周期之间具有可比性。结构式访谈也用于质的研究中,尤其方便对焦点小组成员进行深入访谈,以了解并比较小组成员对某问题的不同看法和观点.

③ Denzin N K, Lincoln Y S, The Sage handbook of qualitative research[M]. Thousand Oaks: Sage Publications, 2005: I-III.

表 3-2 受访人员构成一览表

受访人员身份	数量（人）	占比（%）
理事会主席/理事长	3	10.7
普通理事	11	39.3
图书馆馆长	4	14.3
图书馆部门主管	4	14.3
普通馆员	6	21.4

在结构式访谈过程中，课题组成员通过聆听受访者的讲述，记录受访人员在公共图书馆理事会成立前后的经历，重点关注并追问当前公共图书馆理事会可能存在的问题，以及可能影响公共图书馆治理的相关因素。

二、访谈结果及其分析

（一）理事访谈

1. 职称与职务。所有受访理事中具有中、高级职称者有 9 人，超过受访理事总数的六成；担任一定职务者有 11 人，占受访理事总数的近八成。这表明，当前公共图书馆理事这一群体具有相对较高的专业技术或行政领导能力，不少理事还在当地具有颇高的社会认知度和影响力。

2. 理事会组建的公开度与社会参与度。14 名受访理事中，有 10 人为"外部理事"，除 3 人表示是通过图书馆网站、微信公众号、报刊等公开媒体渠道获取图书馆理事会组建的信息外，其余 7 人均是通过定向邀请的方式获知并参与其中的。这表明，尽管目前公共图书馆理事会是"外部理事占多数"，但理事会组建一事的宣传依然不到位，即使公众看到理事招募信息，其参与积极性与热情也并不高。访谈中还发现，即便是当初通过公共渠道参与理事自荐者，在自荐之初对于公共图书馆理事会组建这一新鲜事物的公开与公平性也产生过质疑。

3. 理事教育培训情况。所有受访理事均表示接受过形式各异的任职培训，包括相关政策法规和图书馆治理的情况介绍、各类相关座谈会等；此外，所有受访理事均能明确地说出其服务图书馆及理事会的职能定位、理事会的监管部门等信息。但与国外理事接受常规的继续教育培训所不同的是,图书馆领域的行业协会组织在其中的作用并不显著。

4.工作成效。所有受访理事均表示为图书馆治理做出了或大或小的贡献,除主动配合协商议事外,他们还为图书馆治理献计献策,为图书馆做宣传推广,协助拓展图书馆资源并帮助图书馆与更多的协作单位结对子,为图书馆管理与服务注入新的理念与方法,积极为图书馆争取政府部门的更多扶持与帮助等。足见理事们普遍具有较高的责任感与使命感,都在其能力范围内尽可能多地为提升图书馆治理能力、提高图书馆整体服务效能做着自己的贡献。

5.理想与现实之间的矛盾。受访的馆长和馆员理事以及举办单位理事对该问题尤为关注,并清楚地指出当前的问题主要集中在全面落实公共图书馆法人主体地位难度大、理事会决策不能完全排除行政干预、投入机制和配套政策不健全等方面;以理事会主席/理事长为代表的一些理事多数也都能对该问题侃侃而谈,并表示当前还面临一些理想状态的决策制度难以在实践中落地的问题;也有个别理事并不能直指当前矛盾产生的根源,这也从另一个侧面表明,理事会成员尽管多数有能力、有热情、有社会影响力,但较之高效的图书馆专业治理团队仍有一定的差距,对理事的继续教育和专业素养培训仍需加强。

(二)馆员访谈

1.职称与职务。受访馆员中具有初级职称者有5人,中、高级职称者有9人,且馆长与部门主管共计8人,这一受访对象群体能够较好地避免访谈结果中出现一致性偏颇,从而确保访谈结果的客观与公正。

2.理事会组建的公开度。所有受访馆员均表示是通过领导工作部署的方式得知组建理事会的,除1名普通馆员不能十分确切地说出本馆理事会的职能权限外,几乎所有受访馆员均能较为明确地说出本馆理事会的职能定位,表明馆员普遍对本馆的发展与治理工作较为关注。

3.工作成效。受访者纷纷表示理事会制度实施以后,图书馆工作在一些方面发生了较大变化,集中体现在馆内的管理制度更为明确且细化,馆内机构设置发生了明显变化,人事制度、特别是管理层的任免制度有了转变,馆内重大项目活动等的议事制度发生了变更等,这些都表明公共图书馆法人治理结构试点工作助推着图书馆慢慢走出了一些以往的治理困境,逐步向更为有效的治理推进。

4. 理事会的馆内参与度。受访的 4 位馆长中除 1 位即将离职外,其余 3 位馆长均在理事会中任职,4 位部门主管中有 2 位在理事会中任职,6 位普通馆员则无人在理事会中任职,其中,馆长除积极参与理事会政策制定、贯彻落实重大决议外,还需定期向理事会汇报工作。被访者均表示,理事会成立后,图书馆的活动内容与形式更为丰富了,进而导致馆员工作量显著增加,与此同时,图书馆在具体管理中的思路拓宽了,采用了一些新的方法,各项管理工作也逐步开始变得有章可循。访谈中还发现,无论在理事会中任职与否,所有受访馆员均表示愿意为本馆服务效能显著提升献计献策,愿意为理事会的决策提供咨询建议。由此可见,通过在理事会下设立由馆员适度参与的各类咨询委员会的方式,不仅可以使图书馆治理更契合工作实际,还可以增加全体馆员参与图书馆工作的积极性,增强馆员对于所在馆的集体感、归属感与责任感,从而全面提升公共图书馆的治理成效。

5. 理想与现实之间的矛盾。受访馆长认为理事会制度并未使图书馆的独立法人地位显著提升,其在决策制定过程中仍要受制于当前制度,人事任免、财政预算等权力仍有待进一步下放;其他受访者最为关切的即是面对图书馆更多服务带来的工作量的增加,对职称与收入分配等激励制度的改革并不显著。

三、试点工作中的突出问题

公共文化机构法人治理结构是我国的一项法定制度,在中央和地方政府的积极倡导和高度关注下,我国公共图书馆法人治理结构试点工作取得了不少进展。但通过课题组前期的走访调研并结合后期的访谈结果,发现一些固有的瓶颈问题虽有大幅改善,但囿于传统理念以及现有体制机制的制约,公共图书馆法人治理结构的建设发展仍面临不少突出问题,得到业界普遍认可的实质性成效显现还不充分。且这一治理改革正从最开始的波澜壮阔转向士气低迷①，甚至在一定程度和一些区域开始势微，其曲折的发展态势符合历史发展规律，值得探讨。

（一）各地重视程度不一，区域发展不平衡

试点先行是当前中央倡导政策推进的常用方式之一，是全面深化改革必须遵循的方法。公共图书馆法人治理结构的建设发展采取此法，有利于实现以点带面继而全面推广，探索不同地域的差别化试点，以实现因地制宜、稳步推进。但在试点过程中却发现，即便是被中央、省级政府授予的试点先行所在地，也普遍存在重视程度不一的状况，部分地方政府没有站在推进文化体制改革的高度看待公共图书馆的法人治理结构试点工作；还有一些积极要求探索试点的机构未能得到当地政府的回应，更没有得到政府必要的条件和财政支持，试点积极性被扼制。从地域来看，东部和条件相对较好的中部地区开展公共图书馆理事会制度的试点较多，且普遍成效较为明显，而大部分西部试点和贫困地区则受原有各类基础条件差、经济发展总体水平不高、地域环境恶劣等因素制约，进展相对较慢，地域发展不均衡，区域差别较为显著。

（二）多数制度突破创新有限，特色不鲜明

如何突破现有人事、财政体制，真正落实公共图书馆的法人自主权，是当前我国公共图书馆法人治理试点工作的关键。当前，我国公共图书馆法人治理结构改革的大部分试点工作主要是集中在体制机制上的突破创新，但既有体制机制与法人治理结构的创新制度之间的"生理排斥"显而易见，真正意义上实行新的治理模式需要一个磨合期。这种新旧交融下的管理体制与运行机制难免产生矛盾，也就导致不少试点地区政策有了、文件出台了，但在实际执行过程中仍囿于诸多因素掣肘，落地有难度，实施不彻底，理事会的职能不能完全发挥实现。

---

① 专题/公共图书馆法人治理结构改革［EB/OL］.（2024－05－21）［2024－05－23］. https://mp.weixin.qq.com/s/KBXuXk7gw0dxBKR9B9lYfw.

理事会决策职能、管理层负责人任免、财务预决算等固有问题实现突破仍需假以时日。如重庆图书馆理事会虽然定位决策监督型理事会,但决策方面还以建议提名为主,并未真正履行决策职能;河北省唐山市丰南区图书馆理事会在人事制度改革方面,虽解决了部分人事难题,但并未形成更为有效的人事制度改革文件,未能彻底解决图书馆人员结构不合理现状;南京图书馆尽管制定出台了一系列的配套制度文件,但缺乏人事制度这一重要领域的创新改革。尤其是目前试点地区公共图书馆理事会在遴选馆长的途径上还十分有限,相当一部分理事会将审议范围限定在地方主管部门"提名推荐"的人选上,这反映了现行人事管理体制与理事会制度下创新馆长遴选机制的内生矛盾[1]。在现行财务管理体制下,财政经费通常直接下达至公共图书馆的上级文化主管部门,理事会难以发挥对图书馆财务预决算的职能。而对于总分馆服务体系下的广东省深圳市福田区图书馆,理事会制度在全区公共图书馆的决策地位尚不明确,2006年颁布的《福田区公共图书馆管理办法》已严重滞后于当地公共图书馆事业发展的实际状况,不能适应目前理事会改革的需求,致使总分馆中间管理层及理事会中间执行层产生双重缺失,街道及社区图书馆管理人员在行政与业务上属多头管理,决策执行不力,反过来又导致理事会的决策在实践中无法落实,工作监督难以到位,严重制约了理事会作用的充分发挥等。

可见,当前的公共图书馆法人治理结构试点工作中政府与理事会、图书馆管理层的关系在顶层设计方面还有欠缺,试点单位权责界定还不够清晰,试点工作还处在综合国内外理事会制度基础上的依葫芦画瓢阶段,创新力度不够,地方特色不够鲜明,流于形式、"走过场"的现象在试点过程中还时有发生。

(三) 吸引社会力量参与不够,支撑制度有待完善

国务院办公厅颁发的《关于建立和完善事业单位法人治理结构的意见》指出,理事会依照事业单位的决策和监督机构,依照法律法规、国家有关政策

---

① 李国新.公共图书馆法人治理:结构·现状·问题·前瞻[J].图书与情报,2014(2):1-6,9.

和本单位章程开展工作,接受政府监管和社会监督。直接关系人民群众切身利益的事业单位,本单位以外人员担任的理事要占多数。据此,将公共图书馆理事会定位为监督决策机构和"外部理事占多数"成为当前我国公共图书馆理事会制度建设发展的基本原则。对7个国家级试点目前的理事会成员构成情况进行分析不难发现(见表3-3),所有当前的试点单位无一例外都体现了多数理事由公共图书馆以外人员担任的原则,但相应的群众需求反馈评价机制却还相对欠缺,即便是成立了监事会的河北省唐山市丰南区图书馆、南京图书馆、温州市图书馆等(见表3-4)①,社会公众代表在监事会中的比重也不高、甚至缺失。课题组对理事的访谈结果也反映出公共图书馆法人治理结构试点的社会宣传力度与公众知晓度不高。此外,社会参与激励机制不足,政府扶持相关制度性规范不够完善,都导致了全社会参与公共图书馆治理的力度和规模都还比较小。

表3-3　国家级公共图书馆法人治理结构建设试点理事会成员构成一览表

试点单位	成立时间	政府部门（含举办责任单位）代表	馆方代表	社会代表	外部理事占比
河北省唐山市丰南区图书馆	2015 年 10 月	1	2	6	77.8%
山西省朔州市图书馆	2016 年 5 月	4	3	8	80%
南京图书馆	2014 年 11 月	3	5	6	64.3%
浙江图书馆	2015 年 12 月	1	3	9	76.9%
浙江省温州市图书馆	2014 年 6 月	1	2	10	84.6%
广东省深圳市福田区图书馆	2014 年 7 月	2	1	10	92.3%
重庆图书馆	2015 年 12 月	5	4	6	73.3%

---

① 表3-3、表3-4资料来源于《公共文化机构法人治理结构试点自评报告汇编》及各图书馆网站相关介绍。

表 3-4　国家级公共图书馆法人治理结构建设试点监事会成员构成一览表

监督机构名称	成立时间	人员构成	总人数
河北省唐山市丰南区图书馆监事会	2015 年 10 月	区文广新局局长、主管局长、文化科长	3
山西省朔州市图书馆监事会	2016 年 4 月	市纪检委驻市文化局纪检组长、市审计局副调研员、市图书馆办公室主任	3
南京图书馆监事会	2014 年 11 月	政府代表 1 名、社会代表 2 人、馆方代表 2 名	5
浙江省温州市图书馆监事会	2014 年 6 月	市财政局、主管部门、图书馆各 1 名,读者代表 2 名	5

（四）理事会成员遴选和培训机制不健全,决策支撑力度不够

成立理事会是法人治理结构的核心工作,而理事会成员构成则是理事会组建的关键,直接关系到公共图书馆的治理实效。纵观当前我国试点机构中的理事会制度,除确定的理事会中的当然理事外,理事会中的其他成员也不乏政府理事,且一般依据《关于建立和完善事业单位法人治理结构的意见》,通过委派的方式产生。但应当看到,政府理事由于其身份的特殊性,通常难以突破自身社会角色限制,且参与治理实践的时间、精力有限,在一定程度上阻碍了公共图书馆独立法人地位的实现和理事会决策职能的有效发挥。此外,由于我国目前的公共图书馆理事会制度试点还处于摸索期,且相当一部分理事来自社会各界,缺乏对公共图书馆乃至公共文化服务的全面认识,定期召开的理事会会议,并不能弥补社会新任理事在有效履职和科学决策方面的不足,这一问题在访谈与实地走访中也凸显出来。其中,以河北省唐山市丰南区图书馆最为典型。其首届理事会成员通过定向邀请的方式产生,除理事会会议外,理事对图书馆关注度还普遍不够,对许多重大事项不能提出自己独立的见解和意见,难以为理事会科学专业的决策提供有效支撑,理事遴选和培训机制的建立完善迫在眉睫。

（五）行业协会相关职能缺失，组织引领作用亟待提升

图书馆领域的行业协会作为代表图书馆利益、推动图书馆服务及其成员发展的独立的文化类非营利组织，介于政府与图书馆之间，是党和政府联系图书馆工作者的桥梁和纽带。但在前期调研和后期访谈过程中却鲜见中国图书馆学会或地方图书馆行业组织在各地图书馆法人治理结构试点中的身影，尽管法人治理结构在国内施行时间并不长，但作为旨在凝聚图书馆界共识及向心力、邀集图书馆界专家、学者及馆员共同研讨我国图书馆事业全面发展的专业协会组织，并未像美国等其他国家的图书馆行业协会那样通过下设分委会、开展培训研讨班、编制并发行学术出版物、直接参与地方图书馆理事会治理等形式，对图书馆法人治理相关的一些议题——如何处理馆长与理事会及其成员的关系，理事遴选、指导、培训、考核等试点实践中普遍关注的问题等——给予专业的指导与帮助，其专业领域的引领作用和权威性并未得到彰显。

本 章 小 结

公共图书馆法人治理结构在经历了社会公众参与的起步阶段、监督管理加强的提升阶段、政府权力授予的深化阶段、思路举措创新的拓展阶段之后，现已发展到法定制度确立的法治阶段，并按照中央一系列政策法规文件的精神，对公共图书馆法人治理结构实践提出了政事分开、突出法人地位、完善治理结构、强调管理制度、加强党的领导等方面的要求。尽管如此，我国由于长久以来体制机制的制约，推行公共图书馆法人治理结构依然面临政事不分、权责不清、监管不力、社会参与度不高等难题。基于此，全国层面积极推行公共图书馆法人治理结构试点工作，且在中央层面的试点推进下形成了省级、市级、县级等不同层级公共图书馆的示范经验，并发挥了溢出效应，带动越来越多的地方公共图书馆参与到试点工作中。通过前期调研与结构式访谈发现，在试点推进的过程中，各地重视程度不一、区域发展不平衡，制度创新突

破有限、特色不鲜明，吸引社会力量参与不够、支撑制度有待完善，理事会成员遴选和培训机制不健全、决策支撑力度不够，行业协会相关职能缺失、组织引领作用缺乏等问题仍然凸显，为下一步公共图书馆法人治理结构的建设完善指出了更为明确的指向。

第四章

公共图书馆法人治理结构的制度建议

　　雄州雾列,俊采星驰,国际上形态各异的公共图书馆法人治理结构实践并没有放之四海而皆准的统一范式,却几乎都是在国家治理框架内将公共图书馆治理权下放至地方,再由各地方政府结合当地实际,在保证公共图书馆独立法人、正常运行、高效服务的前提下,采取的制度化、常态化的治理方式。

　　从已有百余年历史的国外公共图书馆理事会制度来看,其研究多与实践相结合,既有法定的理事会制度为核心的法人治理结构、图书馆及其理事会的职能定位等相关研究论述,如美国的亚历克斯·拉德森(Alex Ladenson)[①],英国的黛博拉·卡特米尔(Deborah Cartmill)[②]和约翰·米尔顿(John Minto)等人[③],加拿大的洛伊斯·比利(Lois M. Bewley)[④],澳大利亚的伊凡·卡特琳(Ivan Catlin)[⑤]和卡罗琳·布克(Carolyn Bourke)[⑥]等,也有如加拿大的伊

① ALEX LANDERNSON. Library legislation:Some General Consideration〔J〕. Library Trends, 1970(10):1-10.
② Cartmill, D. Charging for public library services〔J〕. Library Management, 1992,13(6):25-41.
③ John Minto, M. A., F. L. A.. A History of the Public Library Movement in Great Britain and Ireland〔M〕. London:George Allen & Unwin Ltd and the Library Association, 1932:44-56.
④ Lois M. Bewley. Public Library Legislation in Canada:a Review and Evaluation〔M〕. Halifax, Nova Scotia:Dalhousie University Libraries,1981:I-III.
⑤ Catlin, I. Redefining the role of the public library in legislation〔J〕. Australian Library Journal, 1994,43(1):49-55.
⑥ Carolyn Bourke. Public libraries:partnerships, funding and relevance〔J〕. Aplis, 2007,20(3):135-139.

丽莎白·荷马·莫顿（Elizabeth Homer Morton）[1]，美国的奥利弗·嘉尔索（Oliver Garceau）[2]与尼尔·凯利（Neil Kelley）[3]等人在图书馆及其理事会的构成、图书馆理事会的运行规范等方面展开的研究。将这些研究成果与第二章论述的内容相结合，国外图书馆理事会制度便更为立体、鲜活地呈现出来。

我国公共图书馆法人治理结构议题有着二十年探索研究的历程，随着政府职能的转变、行政管理改革逐步深化，公共图书馆理事会制度的相关研究才开始显现。早期具有代表性的成果是 2004 年中科院文献情报中心黄颖的博士学位论文《图书馆治理的比较制度分析》，该论文在分析研究国外图书馆治理单元、治理制度、治理思想与方法演变等问题基础上，提出中国图书馆治理变革的建议。[4] 此后，中科院文献情报中心徐引篪教授带领研究团队发表一系列相关成果。2008 年，图书馆理事会制度的研究开始升温，不仅包括学界探索，也包括深圳图书馆研究者在实践领域的试点探索。党的十八届三中全会后，图书馆理事会制度的研究更是引发了各界的广泛关注，以李国新、蒋永福、肖容梅等为代表的一批学者，总结我国学界前期研究成果，着重论述了我国时下图书馆理事会制度建设中存在的突出问题，提出自己的设想。[5][6][7]理事会与政府主管部门、图书馆的关系，以及公共图书馆理事会制度当前所面临的困境及未来实现路径成为当前和今后一个时期研究的重点。

基于此，综合运用文献调查法、实地调研法以及典型案例解剖法等研究方法，将文献调研结果与此前章节中的国内外实践相结合，认真剖析不难发现，纵然国内外公共图书馆治理方式各有差异，但其中也有确保有效治理的

① Morton，Elizabeth Homer. Developing public libraries in canada，1535—1983［M］. Halifax：Dalhousie University. 1975.
② Garceau，Oliver. In The Public Library in the Political Process：A Report of the Public Library Inquiry［M］. New York：Columbia University Press，1949：53-11.
③ Kelly，H. Neil. Portrait of the Illinois Trustee Community［J］. Illinois Libraries，1999，81（Fall）：222-225.
④ 黄颖.图书馆治理的比较制度分析［D］.北京：中国科学院文献情报中心，2004.
⑤ 李国新. 公共图书馆法人治理：结构·现状·问题·前瞻［J］. 图书与情报，2014，（2）：1-6，9.
⑥ 蒋永福. 论公共图书馆法人治理结构［J］.图书馆学研究，2011（1）：40-45.
⑦ 肖容梅.深圳图书馆法人治理结构试点探索及思考［J］.中国图书馆学报，2014，40（03）：13-19.

共同方略。特别是在中国当前的政策体制框架内,推进公共图书馆法人治理结构的制度主要涉及如下内容。

第一节　法律明确规范理事会

在法治中国的背景下,落实公共图书馆法人自主权,切实提高公共图书馆服务能力和水平,需要依据中央政府制定出台的一系列相关政策法规,借鉴企业法人董事会制度、国外公共图书馆理事会制度实践,并针对当前我国公共图书馆法人治理结构试点过程中遇到的问题和实践制约,用制度规范的法定形式推动我国公共图书馆法人治理结构逐步完善发展。

一、理事会设立法定化

统览国内外公共图书馆的各种治理模式,无论哪种类型的公共图书馆理事会制度,无一例外的都是依靠法律确立并发展起来的。就美国而言,从联邦层面与图书馆直接相关的《图书馆服务与技术法》,到规范图书馆理事会部分行为的《阳光法案》(*Open Public Meetings Act / Sunshine Act*)、《开放公共记录法案》(*Open Public Records Act*)等,再到公共图书馆服务治理所遵循的《美国残疾人法案》(*Americans with Disabilities Act*)、《儿童互联网保护法》(*Children's Internet Protection Act*)、《美国爱国者法案》(*USA Patriot Act*)等,以及各州和地方要求建立图书馆理事会制度的相关法律,一整套完善的法律体系确保了图书馆理事会的各项行为有法可依。① 还有英国,其第一部公共图书馆法中就涉及了理事会制度,《德国国家图书馆法案》中也对其行政理事会做出了要求,即便是不强制施行公共图书馆法人治理结构的日本,其《图书馆法》及相关配套法规中也有一系列对协议会制度的规定。应当说,重视图书馆法的制定作为西方图书馆管理体制的特色,确保了图书馆有法可依和图书

---

① 冯佳.美国各州图书馆理事会制度研究[J].国家图书馆学刊,2017(3):10-20.

馆理事会的正常运行。①

在中国,随着《关于深入推进公共文化机构法人治理结构改革的实施方案》以及《中华人民共和国公共图书馆法》的颁布,中央层面对以理事会制度为核心的公共图书馆法人治理结构的实施也有了政策法律的保障,未来,相关配套政策法规的进一步制订出台,将推动公共图书馆法人治理结构逐步走向完善。

二、理事会职权法定化

公共图书馆的理事会作为现代治理的主要组织形式,主要履行公共图书馆的咨询、决策、监督职能,在国内外图书馆治理法律体系日臻完善的背景下,公共图书馆理事会的各项基本权力、职能有了法律依据。理事会的主要职责是负责公共图书馆的发展规划、财务预决算、章程拟定和修订、重要业务重大问题审议等事项,并按照有关规定履行人事管理、监督图书馆运行管理等方面的职责。特别是国际上一些国家或地方的政策法规还赋予了公共图书馆理事会较之国内理事会更为宽泛的、特殊的重要职权。如美国的爱荷华州规定,适用于公共图书馆的相关税率要由图书馆理事会决定,且地方议会据此来征税②;而参照英国《1850 公共图书馆法》,加拿大安大略省于 1866 年探讨的公共图书馆法议案赋予了图书馆理事会以征税权力,即公共图书馆理事会有权为图书馆征税,征税额不超过半便士(cent),尽管该法案最终没有获得通过,但为今天安大略省《公共图书馆法》支持理事会为公共图书馆征特税的内容提供了诸多经验③;还有美国的佛蒙特州,根据当地法律,州图书馆理事会有责任为该州进行地理命名,为此,理事会还制定了《地理命名制度规则》(*Geographic Naming Policies*)等④,这些都足以见得地方政府对公共图书馆

---

① 梁奋东.西方图书馆理事会[J].深图通讯,2008(2):14-17.
② 刘璇,冯佳.美国图书馆法经费保障之借鉴[J].图书馆建设,2014(3):5-8.
③ Libraries Today. 1866 Bill[EB/OL].[2013-03-26].http://www.uoguelph.ca/~lbruce/onthistories.shtml.
④ State of Vermont Board of Libraries[EB/OL].[2016-10-02].http://libraries.vermont.gov/about_us/board.

理事会专业性的认可、信任与肯定。

　　对于我国而言,在公共图书馆理事会制度获得法定认可的前提下,迫切需要通过制定章程的形式将公共图书馆理事会各项制度固化下来,明确政府、机构、理事会在其中的角色定位,尤其是理事会的职权范围,并明确公共图书馆理事会制度作为由公共图书馆利益相关方共同参与治理的一种方式,是实现内外结合且多元共治、独立自主且多维监督的机构,通过法定规章制度的形式为公共图书馆理事会制度提供规范的运行规则,为相关利益方对其进行监管提供依据,并在条件成熟的时候,可以借鉴国际经验,根据本地实际,适当赋予理事会更多的特殊职权。

三、理事会成员的政策约束

　　公共图书馆理事会通常由当地社会上卓有成就的知名人士代表组成,理事成员的决断能力与治理水平直接影响图书馆及理事会的长远发展,国内外的实践也表明,应当在通过法律明确理事会制度的同时,对理事会成员的遴选与行为进行约束。对于理事会成员的遴选,后有专门章节论述(详见本章第四节第一部分和第五章第一节第四部分),而理事会成员在开展工作、履行职责时,其行为一般会涉及以下一些典型的法律问题: ①劳工问题,包括劳资双方代表谈判、申诉/解约;②公开投标问题;③施工/自动化合同;④房产交易;⑤资本金融;⑥过失诉讼;⑦如何引发机构做出决定等。① 针对这些法律问题,一是要求理事要时刻保持警醒,将"智识自由(Intellectual Freedom)、资源获取、图书馆记录隐私保护"等作为解决所有问题需秉承的核心价值观。二是要求理事依据相应的政策法规,对图书馆这一法人团体有清晰的定位与判断,即图书馆应是教育机构、拥有符合资质的专业馆员、接受监督,并履行公共图书馆的使命等。三是要求图书馆理事熟知一些重要文档,包括临时及永久的各类图书馆及理事会章程与政策、会议备忘录、审计账目、合同及其他法律文件等。②

---

① 冯佳.美国公共图书馆理事制度研究——以纽约州为例[J].图书情报工作,2014,58(16): 57-61.
② Statement on the Governance Role of a Trustee or Board Member[EB/OL]. [2014-05-03]. www. regents. nysed. gov/about/stmt07. pdf.

此外,美国图书馆协会下的图书馆联合协会①还制定出台了《公共图书馆理事职业道德声明》(*Public Library Trustee Ethics Statement*),借以规范全国图书馆理事会成员的行为;纽约州等一些地方还在相关法律中针对理事权力与职责、职业发展与继续教育等做出规定,使理事在推进工作、制定政策时能及时了解各级相关政策法规的内容、掌握图书馆基层的实践问题,确保图书馆各项工作顺利、高效开展。这些都是我国在开展公共图书馆法人治理结构试点过程中呈现出的缺失与不足,有待后续逐步完善。

第二节　理事会构成科学合理

一、开创外部理事制度

对于公共图书馆理事会制度而言,外部理事制度就是通过在理事会中引入独立于所治理图书馆之外的人才,扩大参与治理的公众范围,提升公共图书馆科学决策能力和民主监督水平。② 无论中国,还是全球其他国家,无一例外地均将外部理事制度作为发挥公共图书馆法人治理结构重要作用的一大法宝。如英国的公共图书馆理事会由于负责包括公共图书馆、博物馆、美术馆或者其他文化、教育、休闲等机构在内的所有事务,外部理事参与其中成为必然;而中国以及德国、日本、美国几乎各州的公共图书馆理事会制度也都充分体现了外部理事的价值。仅从图书馆理事会的构成就能够看出其最广泛地代表了不同利益团体的意见,这一制度在确保为理事会带来中立、客观的观点和独立判断的同时,也能透过外部视野,从公共图书馆内外环境的全局观着眼,为长远发展做出最有力的决策和更为切实可行的行动纲领。

---

① 该协会由此前的图书馆理事、倡导者、图书馆之友和基金会协会(Association for Library Trustees, Advocates, Friends and Foundations, ALTAFF)演变而来。

② 王冬阳.论外部理事在公共图书馆治理中的作用[J].山东图书馆学刊,2014(6):26-31.

二、设立内部委员会制度

在理事会内部设立一些独立的咨询委员会,为公共图书馆治理提供更为专业的依据,是当前国内外各类公共图书馆理事会制度普遍采用的做法。为切实保证向理事会开展科学有效的治理提出合理意见和建议,这些委员会通常由理事会任命且符合资质的内外部理事组成,并通过常设委员会、特别小组或临时委员会的形式协助理事会完成常规工作或阶段性任务,其工作内容通常由委员会的名称、功能设置即可显露无疑,如资金项目委员会、市场营销和筹资特别小组、财政与审计委员会等。需要特别注意的是,包括中国、美国、德国等在内的各类公共图书馆理事会的内设委员会大多仅仅是作为理事会的咨询建议机构而存在,在实际工作中,它们定期向理事会提交调研报告,并提出合理化建议的专业论证,有助于理事会更为平稳地运行管理,对理事会开展科学、有效的治理有着功不可没的作用。

三、明确当然委员制度

理事会成员通常由推荐选举产生,但由于公共图书馆治理需要具备一定的专业素养且熟悉图书馆相关领域发展现状的咨询决策者,因此,包括我国的浙江图书馆、美国不少州在内的公共图书馆理事会制度依据职权,特别为图书馆馆长[①]、文化主管机构负责人,或像美国北达科他州一样为图书馆协会主席/会长设立不经选举或批准即可当选的当然委员一职,同时明确理事会当然委员应参与各项重大治理议题,定期向理事会汇报年度工作情况,且多数没有投票表决权。理事会中不参与投票的当然委员制度不仅有效制衡了理事会盲目决议的产生,而且无投票表决权的做法也有效抑制了图书馆管理层或主管机构负责人妨碍理事会最终决议的产生。

四、设立中间人等日常运作工作制度

在理事会中设立联络人或经理人的中间人制度,在美国和加拿大等国的

---

① 我国还包括公共图书馆党组织负责人。

一些地区公共图书馆中普遍存在,并在图书馆理事会运作过程中扮演了极其重要的角色。这些中间人作为理事会中的一个特殊存在,带薪开展日常工作,主要通过主题任务制或年度工作制的方式,促进各种活动项目或会议议题的开展,推动理事会机构内部成员之间的沟通与协调,协助理事会内部形成一种顺畅的沟通交流机制;为理事会成员提供各种深度理解图书馆服务项目与各项工作的机会,协助理事会做出正确决议;为理事会成员提供发表专业意见和建议的机会,协助理事会用专业视角指导其下设委员会有效开展工作。① 中间人的职务设置在促进理事会各成员及其下设委员会实现对公共图书馆科学治理工作无缝衔接的同时,还为理事会做出专业科学决策排除了干扰与后顾之忧。

我国的公共图书馆法人治理结构试点工作中尚未出现中间人制度,但与之相类似,重庆图书馆通过设立秘书处、温州市图书馆通过成立理事会工作部等形式,保证了理事会日常工作的顺利开展,确保了理事会各项工作的正常开展。

五、确立馆长拥有特殊地位的人事制度

公共图书馆馆长在贯彻落实各项政策法规、执行理事会各项决议的过程中发挥着无可替代的重要作用,除当前中国的试点实践外,国际上所有带有决策性质的公共图书馆理事会均无一例外地承担着任命馆长的职责使命。由理事会任命的馆长中,有一部分在理事会中担任当然理事的职务,多数馆长则主要担任理事会秘书一职,并作为图书馆的法人兼理事会的公职人员,参与理事会决策管理,为理事会服务、对理事会负责,但没有表决权。② 由理事会参与馆长任命且赋予馆长在理事会中特殊地位的做法强调了政事分开、管办分离的理念,确保了理事会运营的独立性与决策的针对性,我国由于现行相关人事制度的制约,各机构在此领域仍有待持续创新推进。

---

① Policy on Board Liaisons[EB/OL]. [2016-12-10]. http://mblc. state. ma. us/mblc/board/policy/liaisons.php.

② 冯佳. 美国俄亥俄州图书馆理事会制度[J]. 国家图书馆学刊,2014(3):47-52.

六、交替更迭任命理事制度

为使理事会能够持续补充新鲜血液、让理事会永葆生机与活力,国外公共图书馆理事会借鉴企业法人治理中交替更迭理事的做法,在每年年底或年初例会上,对即将到期的一定数量的理事进行改选,如美国的犹他州每两年更换一半左右理事会成员[①],以确保理事会投票表决等事宜不受成员更替影响而顺利进行,同时新理事带来的新理念、新思想,有利于实现治理决策的推陈出新、与时俱进,使理事会制度不断优化。这种做法为未来我国公共图书馆理事会成员创新、更新换代方式提供了新思路。

第三节　理事会运行规范透明

一、设立例行会议制度

召开例行会议作为国内外所有公共图书馆理事会开展议事、表决所必不可少的程序,也是理事会的核心运作过程,通常在公共图书馆章程、甚至当地的政策法规里都有明确的规定。如大多数的美国图书馆理事会都有每月例会制度[②],还有一些有特别规定,像美国密歇根州图书馆理事会要求会议每年至少召开 4 次,且 1 月或 2 月、11 月或 12 月期间必须召开会议,并在休会期间提前确定并告知下次会议的时间、地点[③];大英图书馆理事会则每年要求召开 6 次会议;等。可见,但凡理事会的例行会议都有固定的会议周期、召开地点与法定参与人员要求、较为固定的会议议程(参见例会议程

---

① State Library Board — Members — Meetings — Expenses[EB/OL]. (2016-05-10)[2016-10-02]. https://le.utah.gov/xcode/Title9/Chapter7/9-7-S204.html? v=C9-7-S204_2016051020160510.

② Mary Y. Moore. The Successful Library Trustee Handbook[M]. Chicago:American Library Associate,2010:16.

③ Bylaws of the Library of Michigan Board of Trustees[EB/OL]. [2016-07-02]. http://www. michigan.gov/documents/libraryofmichigan/lm_2014_BoardBylaws04-24-14_466463_7.pdf.

模版①）、会议备忘录记录规定等，主要商讨与理事会运行发展和公共图书馆治理相关的决策议题，以及按照工作实际的推进情况，并对此进行灵活调整，有效避免了匆忙了事、流于形式的会议。

公共图书馆理事会例行会议议程（模版）

日期：2009 年 9 月 21 日，星期日
时间：17:30—19:00
地点：中心图书馆会议室

欢迎致辞与议程介绍（5 分钟）
审议并通过上次会议记录中的提议（5 分钟）
馆长报告（15 分钟）
· 新增服务
· 统计数据
预算审核（10 分钟）：财务主管
最新政策回顾（20 分钟）：行动项目相关
宣传工作（15 分钟）：为下一年度预算做准备
"图书馆之友"报告（5 分钟）
"基金会"报告（5 分钟）
公众评议（10 分钟）
休会（准时结束）

二、会议开放制度

通过事先向社会通告会议时间、地点和议程等方式，由市民和媒体等个人或组织自愿选择参加会议，列席并在会议的固定环节安排递交或发表各自的意见，是国外公共图书馆理事会会议广泛采取的方式。日本公共图书馆通过允许民众旁听以及公开招募产生委员两种方式实现会议向公众开放；而美国的《俄亥俄州修订法典》(*Ohio Revised Code*)对理事会会议议程的规定中就有专门的章

---

① Sally Gardner Reed，Jillian Kalonick. The Complete Library Trustee Handbook[M]. New York：Neal-Schuman Publishers，Inc.，2010：94.

节规定了会议应预留出公众参与环节,特别还对希望在会议上进行发言的公众用专门条款进行说明①;还有美国的马萨诸塞州图书馆理事会在其网站上公开了由其批准的年度会议备忘录,公众可向理事会提出书面申请获得会议记录的官方备份②;密苏里州还特别提出,会议纪要必须在网站上进行公布,当某些事宜涉及理事会成员个人、配偶或其直系子女利益时,理事会可收回其参与讨论、投票等权力③;美国更有一些地方的图书馆,如伊利诺伊州香槟公共图书馆甚至将理事会例会的全部视频链接放在图书馆网站上,供全社会随时随地观看。上述公开制度有效地建立起了公共图书馆与社会公众间的沟通渠道,让全社会公众能够有机会了解公共图书馆的各项工作,有渠道表达对公共图书馆服务的意见和建议,允许社会公众对公共图书馆服务及治理开展监督和评价,充分体现出公共图书馆治理的公共性和公开透明④,有利于拥有完善监查机制、体现民主有效且公开透明原则的公共图书馆理事会制度的建立。国内欲有效发挥公共图书馆理事会制度监督职能亦当借鉴此法,推动相关制度不断完备。

三、经费代拨与资金监管制度

经费保障作为公共图书馆建设发展的重要支撑要素,在图书馆治理过程中具有基础性、全局性和决定性的重要地位。美国、英国和德国等国外的公共图书馆理事会多履行着经费代拨、财政审计监督的职能,尤其是美国的《图书馆服务与技术法》和地方法律更赋予了公共图书馆理事会经费代拨的法律责任,如《西弗吉尼亚州法案》(West Virginia Code)规定州政府将维持地方图书馆的经费全部下拨给地方图书馆理事会⑤,而图书馆理事会又大都通过设

---

① 冯佳.美国俄亥俄州图书馆理事会制度[J].国家图书馆学刊,2014(3):47-52.

② Board Meeting Minutes[EB/OL].[2016-07-01].http://mblc.state.ma.us/mblc/board/minutes/index.php.

③ Protocols for the Secretary's Council on Library Development[EB/OL].(2015-04-10)[2016-07-30].https://www.sos.mo.gov/CMSImages/Library/SecretarysCouncilProtocolsApprovedApril2015.pdf.

④ 杨岭雪.从理事会议看西方公共图书馆理事会的运作——以美国加州伯克利市公共图书馆为例[C]//江苏社科界学术大会学会专场应征论文,2015:1-9.

⑤ CHAPTER 10[EB/OL].[2016-10-05].http://www.legis.state.wv.us/WVCODE/Code.cfm?chap=10&art=1.

立专门的资金项目与财政审计委员会等形式,为用好权、履好职进行科学谋划,使公共图书馆的经费在全面掌控、资金分配、经费使用与管理等方面更为灵活、有效、合理。而国内在经费管理方面的试点探索还不多,尽管目前已有广东省佛山市顺德图书馆理事会设立了财务管理、监察审计等专门委员会的尝试①,但改革力度还不够大,需要更多的公共图书馆法人治理结构试点去实践、去探索、去创新、去发展。

四、年报考核公开制度

年度报告作为重要的历史文献资料,见证了图书馆的成长发展②,将包括图书馆、理事会乃至馆长的年度报告定期在网上向社会公布是国外公共图书馆理事会一贯采取的做法。国外公共图书馆及其理事会的各类年报主要涵盖宗旨、主要成就和重大事件、机构运行状况、活动统计和描述性总结、财务信息及解释、人事信息及总结、完成目标、风险管理预案、主要贡献、未来目标等工作的方方面面③,能够使公共图书馆及其理事会的年度工作全方位跃然纸上,使社会公众了解相关工作、活动项目的进展情况,在扩大公共图书馆影响的同时,也在一定程度上为社会监督、政府考核评估提供了时效性强的公开渠道。

在我国,随着《中华人民共和国公共文化服务保障法》中明确提出"公共文化设施管理单位应当建立健全管理制度和服务规范,建立公共文化设施资产统计报告制度和公共文化服务开展情况的年报制度"。国内公共图书馆法人治理结构试点单位也开始积极响应,为此,山西省朔州市图书馆、浙江省温州市图书馆等国内公共图书馆理事会制定各自的"工作报告制度""信息公开制度"等,也是基于监管的初衷,此种制度未来应当有所加强、不断完善且全面推广。

---

① 顺德图书馆设理事会 社会专家可话事[EB/OL]. (2014-12-17)[2018-01-28]. http://gd.sina.com.cn/fs/wuqu/2014-12-17/075822387.html.
② 刘光迪.关于建立图书馆年度报告制度的思考[J].四川图书馆学报,2015(6):72-74.
③ 李宇佳,张广钦.美国9所公共图书馆年度报告内容分析与主要特征[J].图书与情报工作,2016(22):12-19.

第四节　重视理事及其教育培训

一、严格理事的遴选任命机制

国外公共图书馆理事会制度对于理事的遴选与任命有着较为严格的要求，美国、英国、德国、日本等国家的公共图书馆理事会均在其章程中对此有明确规定。如美国的波士顿市公共图书馆理事会规定理事应为市长任命的马萨诸塞州常住居民，并要求具有经济、文化、教育相关背景①；乔治亚州图书馆理事会成员要对当地社区和图书馆有兴趣，且推选时还要求综合考虑候选人的专业技能、性别、受教育水平、年龄、种族、社会地位、居住区域及其他能尽可能反映满足服务人口需求的各种要素②；田纳西州更是创新开设理事认证项目，理事在线培训合格则可获得 3 年的有效认证期③。英国伦敦图书馆理事会则是根据空缺理事所需具备的专业和经验，由会员大会根据提名委员会的推荐人选而选举产生④。这表明，国外公共图书馆在任命理事会成员时有一整套的遴选任命机制，还对理事会成员普遍提出了在地本土化、个人专业素养高、具备相关领域良好的专业背景等要求，而国内公共图书馆法人治理结构试点工作中在此方面还有所欠缺。

二、规范理事的职业道德

尽管对于职业道德的规范属于自律行为，但由于公共图书馆理事职位的特殊性，为保证理事能够更好地履行其义务，要确保每位理事能够恪守自己

---

① 冯佳.波士顿市公共图书馆理事会制度[J].图书与情报，2014(2)：14-16.
② Lyn Hopper. Board Basics[EB/OL].［2015-03-02］. http://www.georgialibraries.org/lib/publications/trusteemanual/board_basics.php.
③ Training Program Highly Popular With Public Library Board Trustees[EB/OL].（2016-01-15）［2016-09-10］. http://sos.tn.gov/news/training-program-highly-popular-public-library-board-trustees.
④ 金武刚，钱家俊,肖梅林.伦敦图书馆的法人治理结构[J].图书与情报，2014(2)：10-13.

的个人承诺,为忠诚地履行其职责与义务奉献自己的时间和精力,秉承刚直不阿、公正廉洁的做事原则。为使这一理念能够更加深入人心,国外很多图书馆都在其公共图书馆理事会章程中对理事的职业道德做出了明确规定①。尤其是美国图书馆行业协会于2012年1月发布的《公共图书馆理事职业道德声明》,被美国许多州广为参照执行,具体内容包括:

① 理事应尊重同僚意见,当双方观点相左时能够客观对待;

② 理事应遵守所有适用于个人及图书馆的各种法律、规章及条例;

③ 理事在履行其职责时,不应因为党派利益、公众压力或者害怕批评而动摇办事原则;

④ 理事不应当有任何歧视,而应该在利用图书馆资源时,维护图书馆用户的隐私权;

⑤ 理事应当能够清楚地将个人观点与图书馆行为加以区分,即使个人观点与图书馆行为不一致,个人也应服从图书馆理事会的决议,个人言行不能代表理事会的决定;

⑥ 理事应该注意图书馆业务的保密性,不能向任何人公开保密信息,理事也必须遵守《信息自由法》(*Freedom of Information Laws*)的相关条款;

⑦ 理事必须避免因个人地位而使自己或他人享有特权或获得经济利益;

⑧ 一旦理事行为与图书馆之间出现利益冲突,应马上取消理事的资格;

⑨ 理事不应当借助其职务之便为自己谋取特权,或借助图书馆及理事会业务为自己或他人谋利;

⑩ 理事不应当干预图书馆馆长的管理及对图书馆从业者的监督工作;

⑪ 理事应当对抵制个人或团队审查图书馆资料的行为给予支持。②

特别是当理事行为与其职业道德有冲突时,可遵照执行美国的《一般市政法》中的"利益冲突"条款以及协会图书馆(Association Libraries)③的相关规

---

① 冯佳.美国公共图书馆理事制度研究——以纽约州为例[J].图书情报工作,2014(16):57-61.

② United for Libraries. Public Library Trustee Ethics Statement[EB/OL].[2014-05-02]. http://www. ala. org/united/sites/ala. org. united/files/content/trustees/orgtools/Ethics%20Statement. pdf.

③ 协会图书馆、城市图书馆、学区图书馆、特区图书馆是美国公共图书馆的四大类。其中,协会图书馆作为民间非营利组织,历史最为久远。

定采取相应的措施①。而另一方面，由于我国公共图书馆理事会制度实施时间不长，对于规范理事职业道德方面还是空白，有待进一步弥补、完善。

三、强化理事的教育培训

对理事的任命与其职业生存和发展并非一劳永逸，以美国为代表的各国公共图书馆界都意识到了教育培训对于不断调整公共图书馆治理手段与方式的重要性，不仅为新任理事、也为经验丰富的理事提供了一系列继续教育的机会。理事继续教育针对公共图书馆理事会成员的角色定位、基本要求、会议组织、财务管理、馆长雇佣、战略规划、考核评估、政策法规等与理事会工作休戚相关的内容，通过美国图书馆学会理事学院的在线系统课程、各类公开网站的在线专题课程、各种教育培训项目、由公共图书馆及图书馆协会等机构组织举办的短期会议、WebJunction等在线交流网站的专题研讨、编制并学习实务指南、维基互动等各种系统或零散的形式，开展了内容丰富且灵活多样的教育培训②，这使得成为一名合格理事不再困难，也变得有章可循（参见"合格理事的普遍特征"③），无疑对理事会队伍专业能力的提升和公共图书馆治理能力的提升有着极大的现实意义。

合格理事的普遍特征

愿意为该职位投入时间和精力；

致力于图书馆在社区中扮演重要角色，并全心全意为图书馆用户服务；

有良好的协作精神，能够同他人一道很好地工作；

有决策意愿；

能够简单明了地参与会议讨论，不占用太多会议时间；

了解社区，并拥有相关知识；

有能力在社区为图书馆做宣传，并能够向政府相关部门做报告；

竭力寻求图书馆的发展进步；

愿意用新的方式、方法和技术来解决问题；

愿意参加继续教育相关的培训、会议和研讨会；

愿意参与筹款活动。

---

① Statement on the Governance Role of a Trustee or Board Member[EB/OL]. [2014-05-03]. www. regents. nysed. gov/about/stmt07. pdf.

② 冯佳. 美国公共图书馆理事教育培训研究[J]. 图书馆，2017(5)：1-7.

③ Mary Y. Moore. The Successful Library Trustee Handbook[M]. Chicago：American Library Associate，2010：3.

第五节　明确馆长责任与义务

在各级公共图书馆法人治理结构运行过程中,公共图书馆馆长作为实际运营管理者,与公共图书馆的有效治理直接且密切相关,各个国家和地方均根据公共图书馆理事会的职能定位,对馆长的责任与义务有着明确规定。但无论何种治理方式,公共图书馆理事会与馆长之间最好的合作关系都应是为了图书馆能更好地服务与发展的协作伙伴关系。

一、作为决策者的责任与义务

馆长作为公共图书馆的法人代表,当其作为决策者时,也即公共图书馆理事会作为咨询建议机构时,各国各类公共图书馆馆长的基本责任与义务并无二异,除掌管全馆的日常业务工作、处理图书馆的常规运行事务,具体职责包括馆藏扩充、编辑书目、开展借阅服务、参与图书馆行业各项活动、馆内人事任免等等外,还需根据实际工作需要对理事会的咨询建议给予适当采纳与实施,如日本公共图书馆协议会作为向馆长提出咨询建议的机构,馆长要适时地听取协议会的陈述意见。与此同时,馆长作为政府公共资金投入机构的雇员,是公众与公共图书馆利益的代表,还要积极参与政府部门的相关决策等。

二、作为管理者的责任与义务

在决策型公共图书馆理事会中,馆长的具体责任与义务基本也都大体相同。以德国为例,《德国国家图书馆法案》第七条规定,馆长依据理事会的决议、指导方针以及有关章程的规定开展工作,在上述图书馆日常事务性工作基础上,理事会通过定期的账户审计和内容评定对馆长的工作进行监督,而馆长则定期就财务管理、业务工作等问题向理事会做报告,并每年向理事会递交年度报告。理事会审核完毕馆长递交的年报后,可以选择性向社会发布。① 我国公共图书馆理事会一般是作为决策监督机构,理当明确馆长作为法人代表的职责与义务,确保公共图书馆在馆长的引领带动下能够全面配合并执行理事会的各项决议,并参与做好公共图书馆章程、内部管理制度、行政与业务岗位设置、从业人员聘用、分配改革办法等的制定、实施工作。

第六节 行业协会助推制度发展

一、参与治理实践

从各国公共图书馆理事会制度的实践来看,国外的图书馆行业协会直接或间接地参与着公共图书馆的治理工作,在助推公共图书馆法人实现现代治理过程中有着不容小觑的作用,不少图书馆行业协会有着为当地公共图书馆理事会推荐理事的职责。如美国的阿拉斯加州、印第安纳州、密歇根州、内布拉斯加州等地方的图书馆行业协会直接参与到当地图书馆理事会成员的提名、任命等工作,实现了行业协会间接参与公共图书馆的法人治理活动②;另外,一些地方公共图书馆理事会章程规定,当地图书馆理事会成员中的1~2名必须为地方图书馆行业协会成员,这就实现了行业协会直接参与到公共图书馆的治理工作中。无论哪种形式,均是为确保图书馆治理能够充分利用并发挥行业协会在专业领域的特长和推动作用,我国试点工作在这一方面还有待加强。

二、推动研究与教育培训

国外图书馆领域的行业协会在学术研究与教育培训方面有着举足轻重的作用,无论是覆盖全国的图书馆协会,还是各地方的图书馆协会,其在推动

---

① Director General. Annual report 2009[EB/OL]. (2012-02-21)[2016-07-31]. http://d-nb. info/100707986X/34.

② 冯佳.美国各州图书馆理事会制度研究[J].国家图书馆学刊,2017(3):10-20.

公共图书馆理事会的相关研究与教育培训过程中同样起着重要作用,包括美国、加拿大等国家不少地方还特别设立了专门的图书馆理事行业协会。这些行业协会不仅为理事会的相关研究与理事的教育培训提供了系统的培训课程、在线研讨,还设立了若干相关的教育培训项目,一些地方编制的旨在为理事的教育培训和日常工作提供指导与帮助的实务指南也多来源于行业协会。可以说,图书馆行业协会在推进图书馆理事会工作持续开展的同时,不断完善了公共图书馆的治理体系,有效提升了公共图书馆的治理能力[①],这也值得我国在探索完善公共图书馆理事会制度中予以借鉴。

第七节　因地制宜确立制度实施路径

按照系统论的观点,以公共图书馆理事会制度为核心的现代治理体系是整个社会系统中的子系统,社会环境为公共图书馆理事会的治理和运营提供了条件,公共图书馆理事会制度的顺利开展有赖于社会的全面发展,因而,公共图书馆理事会制度需要因地制宜,根据其内外环境的变化而调整确立实施路径。

一、针对信息化时代

经济全球化是 21 世纪影响世界各国尤其是发展中国家的最为重要的一个外部环境因素,信息技术、贸易自由化、跨国公司、市场化等是经济全球化的重要特征。而信息技术作为经济全球化的重要推动力和支撑,信息技术革命将世界推到信息化时代,以国际互联网作为载体的操作方式,促进了管理模式和服务模式的变化[②],数字图书馆以及公共图书馆的数字化也在此背景下应运而生。公共图书馆理事会制度作为一种现代治理形式,理应适应信息

---

① 冯佳.美国公共图书馆理事教育培训研究[J].图书馆,2017(5):1-7.
② 蔡立辉.信息化时代的大都市政府及其治理能力现代化研究[M].北京:人民出版社,2014:50-52.

化时代发展的要求,可以通过适时地设立专门的数字化事务委员会或特别小组等方式,对其治理的公共图书馆数字化项目进行咨询、指导与监督,为公共图书馆的数字化建设相关政策制定及未来发展规划提供科学的依据。与此同时,积极运用数字化信息一站式平台,将理事会的管理、激励、评价反馈等多种工作整合集成,为公共图书馆提供更为便捷、高效的治理,为全社会提供更为公开、透明的监督渠道。此外,积极利用网络数字资源加强区域、乃至全国范围内公共图书馆理事会以及理事会成员之间的交流互鉴,也是公共图书馆理事会工作在新时代的应有之义。

二、针对现行体制框架

理事会制度在欧美公共图书馆中是普遍通行的,其中的一些理念与做法能够给予当前中国公共图书馆探索现代治理结构诸多启发,但由于体制机制的差异,完全照搬国外经验并不可取。中国的公共图书馆理事会制度在建立起来之后,要在现行的体制机制框架内,改革传统的行政拨款、"先见钱后谋事"的投入方式为"以事定费"的投入方式,将公共图书馆的绩效考核与财政投入挂钩;转变以往的单一编制用工模式,科学合理进行岗位设置,提高公共图书馆管理层及业务人员的专业门槛;打破"大锅饭"的收入分配方式,"坚持按劳分配和按生产要素分配相结合"等。[①]

三、针对服务人群差异

行为主义行政学认为,决策的核心主体是人,决策的客体本质上也是人,公共图书馆理事会制度充分印证了这一点。因此,公共图书馆服务对象的价值观、情感、态度、期许和愿望等构成了全社会对公共图书馆的公共文化服务诉求,也成为影响公共图书馆有效治理的重要因素。尤其服务受众的内外部环境已发生变化,无疑也会对人的心里、人的行为方式与人的需求产生不同程度的影响,这就需要以公众需求为出发点的公共图书馆理事会,在推行公

---

① 浦东新区宣传部(文广局).管办分离 共同治理 服务读者:浦东图书馆法人治理改革时间探索研究[R].2016 年 12 月印行.

共图书馆治理的过程中,必须综合考量公共图书馆所服务人群的实际状况,积极吸纳更多的社会人士参与到公共图书馆的决策和监督中来,并通过各种手段,鼓励和吸引社会力量、社会资本参与到公共图书馆建设中来,从而确保公益目标和公共利益的最终实现。

四、针对总分馆服务体系

总分馆制是经国内外实践证明了的通过协同方式提供联建共享的公共图书馆服务的有益尝试,无论是普遍通行理事会制度的美国纽约公共图书馆总分馆体系、波士顿公共图书馆系统,还是实施法定非强制手段理事会制度的日本东京都公共图书馆总分馆体系,亦或是逐步形成"理事会"+"总分馆"治理模式的广东省深圳市福田区公共图书馆,都是在适应不同服务体系之下进行的公共图书馆法人治理结构的实践探索。特别是 2006 年,《国家"十一五"时期文化发展规划纲要》明确提出"县(市)图书馆逐步实行分馆制"。随后中央出台一系列政策文件,特别是 2016 年底,由原文化部、新闻出版广电总局、体育总局、发展改革委、财政部联合印发的《关于推进县级文化馆图书馆总分馆制建设的指导意见》以及 2017 年 11 月颁布的《中华人民共和国公共图书馆法》,更是为公共图书馆建设总分馆制提出了要求,也使得总分馆制成为我国公共图书馆理事会制度探索的重要治理因素,要在总分馆服务体系的框架内开展公共图书馆的有效治理。

本 章 小 结

结合国内外公共图书馆法人治理结构相关文献的调研分析,对国内外不同路径下的公共图书馆法人治理结构进行全面研判,可以发现,尽管实现方式各异,但各种颇具成效的治理差异难以掩盖其成功制度的共同方略,包括:理事会设立及其权利的法定化、理事会成员各项政策约束等法律明确规范的理事会制度;外部理事、内设委员会、当然委员、中间人、馆长在理事会中的特殊地位，交替更迭任命理事等各项科学合理的理事会构成制度；例行会议、会议开放、经费代拨与监管、年报考核等各种透明规范的理事会运行制度；涉及理事遴选任命、职业道德和教育培训等的理事会成员规范制度；明确馆长分别作为决策者和管理者的不同责任与义务，行业协会参与治理实践，推动相关研究与教育培训等各项助推制度；针对信息化时代、针对不同地区的现行体制框架、针对服务人群差异以及总分馆服务体系等因地制宜的制度实施路径等，为下一章节即将探讨的我国公共图书馆法人治理结构常态化高效运转给出了相对稳定、可兹参照和借鉴的制度规范。

第五章

我国公共图书馆法人治理结构建设发展
的重点任务与实现路径

公共图书馆法人治理结构作为一种追求现代性和理性治理的过程,旨在运用共同治理的现代治理理念,实现当前公共文化领域管理体制和运行机制的变革,更好地实现公共图书馆服务的最佳秩序和最佳效能。在明晰的现代治理目标状态下,如何建立健全我国公共图书馆的法人治理结构,并使其发展适应法律环境以及现行体制机制,成为本研究的重点。本章即是依照中央所秉持的按照公共图书馆不同层级进行法人治理结构试点推进的思想,借鉴前三章所述的国内外公共图书馆法人治理结构制度的理论、各相关政策和成熟做法,结合当前我国公共图书馆开展法人治理结构的制约因素与试点中面临的突出问题,依据第四章所论述的制度建议,以期从目前不同层级、不同类型公共图书馆着手,有的放矢地探寻有效治理的基本路径,为公共图书馆法人治理结构的制度化、长效化的最终实现,为公共图书馆法人治理结构全面健全发展这一总体目标的实现提供相应的策略参考和支撑。

第一节　未来探索完善公共图书馆法人
治理结构的重点任务

2016 年 3 月,中央深化改革领导小组会议审议通过《关于加强和规范改革试点工作的意见》。按照中央深改组提出的把握试点方向、加强试点统筹、把握试点要求、科学组织实施、及时总结推广等要求,针对当前体制机制的制约和试点期间发现的问题,未来,我国公共图书馆理事会制度的发展完善应着力健全好治理环境,重点做好以下工作。

一、明确相关各部门职权边界

(一)强化组织领导,明确边界,为理事会赋权

公共图书馆法人治理结构的推进发展需要各级地方党委政府高度重视,并针对现行体制机制束缚定向发力。一方面,将公共图书馆法人治理结构建设作为当地事业单位改革的重点任务来抓,由地方主要领导亲自过问,分管领导具体指导。通过研究制定本地的"公共文化机构法人治理结构改革工作方案",在顶层设计上先建立体架构,处理好政府主管部门与理事会的关系,明确所有公共文化机构理事会的决策监督地位,在政策框架内继续放权给理事会,扩大理事会开展决策监督的职权范围,政府文化主管部门作为举办单位,要把对公共图书馆的财政分配预决算、馆长任免与监督评议、发展规划及重大活动事项审议等管理职能真正交给理事会。

另一方面,文化主管部门则应通过组建公共图书馆第一届理事会、委派理事、提名理事长等方式全程参与,支持理事会依法履行职能。同时,还应借鉴企业法人治理中的差别投票权的方式,即理事会决策必须经某个理事同意方可有效,或者某个理事对决议事项有"一票否决权"等。具体而言,就是地方政府赋予文化主管部门理事在处理公共图书馆理事会决议有悖于国家和地方政策法规,有悖于国家财务、资产、物资采购及工程建设等规定,有悖于干部选拔任用和人事管理权限政策等问题时的"一票否决权",确保公共图书馆治理的整体方向与国家的指导思想和大政方针不相违背的同时,划清防止"一票否决权"滥用的边界,从而真正体现了政府对公共图书馆及其治理的有效监管,这同时也是旗帜鲜明坚持党管宣传、党管意识形态在实践推进过程中的具体体现。

(二)建立联席会议制度,多方协调,扩大法人自主权

引入现代治理理念的文化体制改革与旧有管理体制的矛盾主要体现在

利益关联盘根错节,可以说,具有牵一发而动全身的效应。因此,为确保地方政府保有支持改革发展的持续动力与热情,应当在加强顶层设计、持续协调政府各相关部门的基础上,建立由地方政府为总发起者的联席会议制度,通过年度会议协商的方式,制定与中央政策相配套衔接的发展政策,加强对更为宽泛的公共文化机构治理方式变革的政策支持,领导和协调不同部门共同推进公共文化机构法人治理结构向纵深发展。

其中,地方党委政府在联席会议制度中起核心主导作用,要充分彰显以党的政治建设为统领,地方文化主管部门负责落实公共图书馆理事会制度建设工作,包括草拟"图书馆章程"、检查指导等,地方发改、财政、人社、编办等与公共图书馆治理密切相关的部门,协同配合,切实发挥以公共图书馆馆长为核心的管理层的管理运营权,通过推行管理层由馆长参与推选、馆内机构自主调整、以事定岗及按需设岗相结合的岗位自主设置、岗位绩效收入分配等举措,扩大当前公共图书馆法人的自主权,贯彻落实公共图书馆的独立法人地位。

(三)加强横向联动机制,促进融合,实现资源共享

在公共图书馆法人治理结构试点工作推进的过程中,在各地方政府高度重视、各相关方积极配合响应的基础上,进一步加强横向联动机制的建立,充分发挥理事会的社会平台作用。以理事会机制创新带动办馆模式创新,并充分利用社会理事的行业背景、社会效应与社会资源,施展理事会成员在社会上的影响力,推广图书馆的行业价值,由点及面,扩大合作,从而拓展公共图书馆及其理事会制度在社会上的知晓度和认可度,全面提升全社会对公共图书馆现代治理的参与度和支持度,带动社会各方与公共图书馆现代治理方式的协调共生发展,推动实现公共图书馆服务工作与全社会资源的融合共享推进。

二、完善理事会各类制度细则

(一)完善治理结构,明确权责清单,建章立制规范发展

"依照法律法规、国家有关政策和本单位章程开展工作"是国务院办公厅

在《关于建立和完善事业单位法人治理结构的意见》中对理事会提出的基本要求。基于此，"图书馆章程"就成为法人治理结构的制度载体和运行的基本准则，而一般不采取国外及国内部分试点地区所施行的"公共图书馆理事会章程"形式来规范公共图书馆的治理行为。综合国内外推行理事会制度的公共图书馆章程内容，其普遍包括几个主体部分：

第一部分涉及章程制定的依据、单位性质、宗旨与业务范围、经费来源、民事责任能力及举办单位等信息；

第二部分为组织机构的建立与运行，主要包括理事会（监事会）①的构成、职权定位、议事规则、成员产生方式及其职权范围，管理层和法定代表人的产生及其职权范围；

第三部分则是财产的使用与管理、信息披露、终止和剩余财产处理及章程修订等其他相关事项。

结合"图书馆章程"，对现有公共图书馆管理制度进行修订，使其符合法人治理的现代理念，并分别从人事、财务、业务、党建等各领域制定相应的政策法规，特别体现党管干部、党委监督的原则，体现党的领导是社会主义文艺发展的根本保证②，明确决策层、管理层、监督层及党组织的主要职责权限，持续推进公共图书馆理事会制度的制度化、"章程化"发展。

1. 决策层职责权限

理事会作为公共图书馆的决策机构，对公共图书馆的发展战略、业务管理等相关事务进行决策。理事会对举办单位负责，定期向举办单位汇报工作。理事会组成要体现共同治理的原则，一般通过委派、推选、自荐＋选举以及当然理事等多种形式产生，能够代表各利益相关方的意愿诉求，并由"外部理事占多数"的9至15名单位数成员组成，任期一般为3到5年，且不得连任，可采取整体更替的换届方式，也可借鉴国外经验采取年度交替更选一部分理事的方式进行换届。理事会包括主席/理事长、副主席/副理事长各1名，

---

① 部分设立监事会的公共图书馆，其章程中包含此项内容。
② 李颖.加强党的领导　为担负起新的文化使命提供坚强政治保证[EB/OL].（2023-11-21）[2024-05-10]. http://www.qstheory.cn/2023-11-21/c_1129985455.htm.

其中,主席/理事长原则上由政府批准的社会文化名流、知名专家学者或主管部门的代表出任。

理事会作为公共图书馆治理过程中的决策层,举办单位应向理事会赋权,理事会则严格按决策层职责权限清单行事,不得越权干预图书馆日常工作。

决策层职责权限清单

审议、修订图书馆章程和理事会议事规则;

审议通过主席/理事长、副主席/副理事长人选;

审议设立咨询委员会,并任命委员会人选;

审议并制定图书馆中、长期发展规划;

审议图书馆年度业务工作计划;

审议图书馆年度重大业务活动计划;

审议并与举办单位联合提名、共同任免图书馆馆长;

审议馆长提名推荐的副馆长等管理层人选;

听取、审议管理层工作报告并对管理层工作进行考评,反馈考评意见;

审议并确定图书馆年度财务预决算等重大财务事项,明确资金使用方向;

审议图书馆内设机构或分支机构设置方案;

审议管理层提交的图书馆内部重要岗位设置、人员配备、绩效考核等规章制度;

理事会届满前3个月起着手组建下届理事会,并报举办单位审核同意;

审议决定其他重大事项。

2. 管理层职责权限

公共图书馆的管理层作为理事会决议的具体执行机构,由公共图书馆的行政负责人和主要管理人员构成,包括馆长、副馆长等,对理事会负责。实行馆长负责制的管理层严格按照"图书馆章程"中规定的管理层职责权限清单,对理事会各项决议,合理吸纳,并在日常工作中独立自主地行使公共图书馆的日常业务管理权、财务资产管理权和工作人员管理权等,并为理事会的决策给予反馈,接受理事会监管。①

---

① 李国新.公共图书馆法人治理:结构·现状·问题·前瞻[J].图书与情报,2014(2):1-9.

管理层职责权限清单

执行理事会决议；

负责组织开展图书馆各项业务活动与日常运营管理；

起草图书馆年度业务工作计划、目标与任务、年度工作报告，并定期在理事会会议上汇报工作；

拟定内设机构或分支机构设置方案；

拟定并组织实施图书馆内部重要岗位设置、人员教育培训与考核管理等基本规章制度；

拟定并组织实施图书馆年度财务预决算等重大财务事项方案；

管理图书馆的财务与资产；

负责图书馆工作人员的聘任与管理；

负责图书馆的信息公开披露事项；

各项规章及理事会赋予的其他职权。

3. 监督层职责权限

关于监督职能，《关于建立和完善事业单位法人治理结构的意见》给出的原则是根据实际情况，可以让理事会承担监督职能，监督图书馆的运行，也可以单独设立监事会，监督图书馆运行和管理层履职情况。[①] 目前，国内公共图书馆法人治理结构试点过程中的监督工作主要通过设立监事会（适用大型图书馆）、成立监督管理委员会（适用中小型图书馆）或在理事会内设立监事一职等方式来实现。其中，监事会与监督管理委员会作为理事会和公共图书馆管理层的监督机构，负责对公共图书馆的治理决策、执行情况进行监督，由举办单位任命，对举办单位负责并报告工作，同时向理事会报备。特别对于监事会而言，通常由 3 或 5 名成员组成（含监事长 1 名），由举办单位提名、联席会议审议并任命。无论监事职务还是监事会或监督管理委员会等监督机构，其任期均与理事会相同，并需要严格履行必要的监督层职责权限清单。

---

① 李国新.我国公共文化机构的法人治理结构试点[J].图书馆建设，2015(2)：4-7.

监督层职责权限清单

制定议事规章,并报备举办单位和理事会;

对理事会各项履职情况进行监督,并有权对违反法律、法规及章程的行为提出质疑;

对管理层执行理事会决议等履职情况进行监督,并有权对违反法律、法规及章程的行为提出质疑;

对图书馆财务制度执行情况进行监督;

有权建议理事会召开临时会议,对图书馆治理提出建议和意见;

各项规章所规定的其他职权。

---

4. 党组织的职责权限

中国共产党领导是中国特色社会主义最本质的特征,是中国特色社会主义制度的最大优势。坚持党的文化领导权作为习近平文化思想的重大创新观点①,中央早在出台的《关于深入推进公共文化机构法人治理结构改革的实施方案》中就曾明确提出,要把加强党的建设作为改革的主要内容之一,要求在法人治理结构改革进程中,举办单位要加强对公共文化机构党建工作的领导,并主要通过设立 3 至 7 人党组成员(含书记 1 名)的形式来落实意识形态工作责任制。为确保党组织的政治核心作用和监督保障作用得到有效发挥,就要建立健全党组织领导和参与重大问题的决策机制,即党组织按照规定的程序和形式,积极参与理事会针对事关图书馆切身利益的重大决策、重要人事任免、重大项目安排、大额度资金使用事项等重大决议讨论,也即通过建立"双向进入、交叉任职"的制度,让党组织负责人成为理事会的当然理事,推动理事会与党组织主要成员的一体化发展,让党组织的意志在理事会的各项重大决策中充分体现,更好地发挥政治保障作用。

(二)成立专业咨询委员会,提高决策专业性、科学性

为完善决策型公共图书馆的法人治理结构,保证决策的专业、科学,将专

---

① "坚持党的文化领导权 展现文艺工作新作为"[EB/OL].(2024-03-06)[2024-05-09]. http://www.qstheory.cn/laigao/ycjx/2024-03/06/c_1130085989.htm.

家咨询引入决策过程的创新做法是提升理事会议事决策能力的有效手段。国外不少公共图书馆理事会,以及以山西省朔州市图书馆、广东省深圳市福田区图书馆等试点单位均是通过成立一系列理事会下设专业委员会的形式,广泛吸收社会智慧,确保社会专业人士的高度参与,使决策更为高效接地气。根据我国各地的实践,并借鉴国外的案例经验,理事会可在审议表决通过的情况下设立或撤销委员会,新设委员会由具备相关职业或专业背景的理事会成员担任各委员会召集人,由理事会部分成员及若干社会专业人士组成委员会,并向理事会负责。每个专业委员会的主要职责是开展各项专题工作调研,向理事会提交调研报告,为各项决议提供合理化建议和专业性论证。

依据我国公共图书馆理事会的职能定位,建议理事会下设委员会应包括但不限于如下几个委员会:

1. 文献资源建设委员会

该委员会依据图书馆服务目标、任务与服务对象,就图书馆提交的文献资源建设方案及文献资源建设发展规划等内容进行审议,以期确保图书馆馆藏资源相对合理。

2. 财务项目委员会

该委员会为理事会制定图书馆的年度财务预决算,以及重大活动项目、新建或改扩建设施等重大财务事项提供专业决策支撑,同时,协助监督层对图书馆重大资本预算进行持续审查,并优选、确定未来实施项目与资金,通过对公共图书馆范围内的资金进行集中管理,减少资金持有成本,加速资金周转,提高资金使用效率。

3. 绩效考评委员会

该委员会负责审议图书馆管理层提交的绩效考核制度,并对图书馆管理层的工作进行年度考评,在向理事会提交反馈意见的同时,为理事会调整决策提供科学依据。

4. 监督管理委员会

针对未成立监事会的公共图书馆理事会,还应设立监督管理委员会,作为公共图书馆及其治理的监督机构,切实担负起法人治理结构中监督层的职能。

5. 临时执行委员会

该委员会针对理事会运行过程中的重大变更,如理事会换届等人员变更、新设或解除下设委员会、章程修订等工作,为理事会决策提供咨询建议,协助理事会平稳发展、顺利推进。

(三) 引入理事会决策责任追究制度,扩大社会参与监督范围

为确保公共图书馆治理决策的权责统一,重庆图书馆、山西省朔州市图书馆、浙江省温州市图书馆、深圳市福田区图书馆等都建立了法人治理结构的责任追究制度,即建立以"谁决策,谁负责"为原则的包括责任倒查、问责制度在内的理事会责任追究制度,这也成为全面推进公共图书馆依规、依章治理的关键。责任追究制度的建立能够使公共图书馆及其治理机构切实承担起各自应担的责任,与此同时,除监督层外,政府文化主管部门也要接受来自社会各方的监督追责,任何社会个人、团体、企事业单位等均有权对公共图书馆治理过程中出现的问题提出异议。责任追究方式包括责令整改、做出书面检查、通报批评、取消理事资格等行政处分,以及涉嫌犯罪者移交司法机关处理等(见"追责行为清单")。

追责行为清单

在公共图书馆治理过程中,参与决策者有如下行为之一,应予以追责:

根据相关法律法规应回避而未回避的;

借职务之便谋取特权或牟利的;

泄露隐私和保密信息的;

故意隐瞒已掌握重要信息的;

对明知的错误决策未进行及时纠正的;

对必要决策推诿、拖延或拒绝决策的;

违反法律、法规和"图书馆章程"规定导致决策失误的;

集体决议导致过错发生的,则视决策失误造成的影响程度进行处理。

三、创新财务收支渠道与方法

在日益增长的多元化以及多层次的社会文化需求背景下,政府的公共文

化投入不可能是对全体公民公共文化福利的包办,而仅是对全社会基本公共文化服务需求的"托底"保障。因此,在政府有限"托底"和公众合理诉求之间,需要借助社会资本,并将此作为政府投入的有益补充,河北省唐山市丰南区图书馆、山西省朔州市图书馆、浙江省温州市图书馆等法人治理结构试点单位即是通过设立基金会的形式,不同程度地探索多渠道筹措、利用资金的长效运营方式。

(一) 基金会的设立与管理运营

由当地公共图书馆理事会倡导并发起,在政府注入基础资金的前提下,成立旨在利用社会资本繁荣发展图书馆事业的"公共图书馆事业发展基金会"。基金会由图书馆理事会运作、管理,理事会在为基金会制定清晰的使命、愿景和战略方向的基础上,还要负责制定基金会章程,审议基金会经费使用,选择、罢免基金会理事长,决定基金会各项资助活动等。与此同时,理事会还要努力争取政府对基金会的扶持,积极争取税前抵扣政策,制定公共关系策略,着力提高基金会的社会公信力,提高全社会对基金会的认知度,树立基金会对于提高公共图书馆服务效能、高效管理、财务负责守信、公开透明的形象,最大限度地争取社会资本投入,成为吸纳社会资本的有效支撑平台。

在此过程中需要特别注意的是,既要防止政府借基金会成立、理事会监管为由,对公共图书馆事业发展甩包袱,又要在资金流向方面要加强全社会监管,要求公共图书馆及其理事会所有得到的资金都必须进入专门收入账户,且要统筹管理,全部用于图书馆的建设发展与服务,不得私设账外小金库。

(二) 合理贯穿财务集中的收支两条线管理模式

2016 年 5 月,国务院办公厅转发原文化部、国家发展改革委、财政部、国家文物局等部委联合推出的《关于推动文化文物单位文化创意产品开发的若干意见》,提出推动图书馆等文化文物单位文化创意产品开发工作,并明确文化文物单位文创产品开发取得的事业收入、经营收入等可以部分用于人员绩效奖励。一时间,文创产品研发在公共图书馆领域引发了不大不小的争议,在国家图书馆文创艺术品商店开全国之先后,南京图书馆、山西省图书馆、四川省图书馆、湖南省图书馆等国内其他公共图书馆也开始跃跃欲试起来,这无疑改变了以往政府划拨的公共图书馆经费来源单一状况,而由此也又引发公共图书馆是否要做文创研发、如何使用文创产品销售利润、以文化产业反哺公益等一系列问题。

随着公共图书馆法人地位独立、试点推行理事会为核心的现代治理方式等文化体制改革的建设发展,公共图书馆的经费分配利用与监管有了更为专业的决策支撑,束缚图书馆文创产品研发的诸多疑问也开始不攻自破。一方面,结合中央鼓励文创产品研发的文件精神和理事会的职权定位,由理事会合理确定文创产品收益用于人员绩效奖励的比重,并将理事会确定的绩效考核奖励之外的图书馆收入全部上交政府相关部门;另一方面,政府行政部门依据公共图书馆理事会所做的图书馆年度总体预算进行拨付资金分配,明确政府拨付经费仅可用于法定的公共图书馆发展目标,在充分体现并发挥理事会的决策监督职能的同时,有效避免创收引发的尴尬情况出现。

四、改革人事任用和绩效分配制度

公共图书馆在试点建立法人治理结构的过程中,应特别注重馆长及理事会成员的选贤任用,在充分体现其独立法人地位、科学有效治理的同时,以绩效工资分配为激励和约束手段,全面调动起图书馆从业者的积极性,促进公共图书馆社会公益职能的更好显现。

(一)完善馆长联合任免制度

法人治理结构试点在公共图书馆的馆长任职方面主要有理事会提名、举办单位审议批准以及举办单位提名、理事会审议批准两种形式,这两种方式在体现理事会决策职权上还有其局限性,应当在理事会人事自主权上获得突破,即赋予理事会馆长任免的实质性用人权。因此,在现行体制框架内,建议当前的公共图书馆馆长由理事会和举办单位共同提名,并经过理事会审议、举办单位党委考察,在双方协商的基础上,共同提出馆长任免方案,再依照现有的人事管理权限,由理事会和举办单位共同对馆长做出任免决定,并向当地相关部门通报备案(详见"馆长任免流程")。

馆长任免流程

步骤一：理事会与图书馆共同商议，确定图书馆未来发展方向，描绘理想的馆长候选人特征；

步骤二：理事会与举办单位联合制定招聘策略，招募应聘者；

步骤三：理事会与举办单位共同筛选应聘者；

步骤四：理事会与举办单位共同对应聘者进行面谈；

步骤五：经理事会审议、举办单位党委考察，共同提出馆长任免方案，雇佣应聘候选人；

步骤六：建立6～12个月的考察期；

步骤七：由理事会与举办单位共同对通过考察期的应聘候选人做出任免决定，并在当地相关部门备案后，正式聘用馆长。

（二）加强理事培育与招募

公共图书馆理事作为社会人，同时又作为公共图书馆治理的决策机构成员，需要兼具专业胜任能力和必备品质，他们应对图书馆的各类资源负责，保证图书馆提供尽可能好的服务，且每位理事均应当恪守个人承诺，为忠诚地履行其职责与义务奉献自己的时间和精力，刚直不阿、公正廉洁。[①] 因此，强调合格理事的培育、招募与任用对于公共图书馆的现代治理十分必要。而合格的图书馆理事并非天生如此，而是后天培养的，具体可参见"新任理事指导包"[②]。在当前的试点推进法人治理结构过程中发现，通过全社会共同推动以公共图书馆为引领的全民阅读活动，在整合全社会阅读资源的基础上，不仅使全社会各行业领域、各阶层、各民族、各年龄好爱阅读、热心公益、有时间、有能力的人士参与到阅读推广的活动中，还使得广大社会公众对公共图书馆的服务、工作及其理念有了最为直观的了解，有利于发现、挖掘并储备合格理事队伍。此外，为激发更多的社会贤达积极投身公共图书馆治理的热情，政府文化主管部门、公共图书馆及其理事会还应当不断扩大宣传推广，不断提

---

① 冯佳.美国公共图书馆理事制度研究——以纽约州为例[J].图书情报工作，2014(16)：57-61.

② Sally Gardner Reed，Jillian Kalonick. The Complete Library Trustee Handbook[M]. New York：Neal-Schuman Publishers，Inc.，2010：92.

升理事会成员的素养与能力,使得公共图书馆理事的社会认知度大幅提升,使得公共图书馆理事这一特殊职位成为一种荣誉,使得公共图书馆理事成为社会上有荣誉感、工作上有成就感的人,享有较高的社会地位。

新任理事指导包

理事会主席/理事长致新任理事的贺信,并强调了这一职位的重要性。同时,附上下次理事会会议的日期、新任理事指导老师的姓名与联系方式(如果可能,尽量为新任理事指定一位指导教师)、理事会会议制度的概述、图书馆馆长的联系方式。

供签名的利益冲突政策与道德声明副本。

理事会章程、使命、愿景与规划文件。这些文件将帮助新任理事理解理事会的运作、图书馆的最高价值,以及图书馆的未来发展目标。

图书馆治理相关的法律法规。在任何情况下,法律法规均高于图书馆政策。

过去一年理事会的会议纪要,这些记录能够帮助新任理事会了解会议运行、探讨问题类型及问题解决等。

现任所有理事名单及其联系方式。

图书馆治理相关的政策手册。好的政策手册应包括每一项政策的目标声明、实施责任、理事与相关工作人员的角色定位。

图书馆相关的信息,包括图书馆的简短历史、员工组织结构、图书馆规模大小(服务体系)、图书馆经费预算、过去两年的年度报告、前三年使用的统计数据等。

图书馆宣传资料,包括最近的通讯、活动项目传单、书签、网站信息等。

"图书馆理事指导手册"。

(三)确立以岗定薪的绩效分配制度

公共图书馆治理决策与服务效能的体现有赖于每一位图书馆从业者的努力,应发挥好每位从业者的智慧与才能,在积极营造实干氛围的基础上,着力打造具有执行力、创新力、肯吃苦、能打胜仗的队伍。其中,科学有效的绩效分配制度是做到人尽其才、物尽其用的有效手段,这就要求与人事管理制度改革相配套,实行以岗位职责为中心,以绩效考核为核心的工资分配制度,要将员工的实际工资收入与工作岗位职责、实际贡献率直接挂钩,强化对公共图书馆的内部考核,进一步明晰岗位职责,在发挥财政资金最大效用的同时,提高公共图书馆管理质量与效率。[1] 具体而言,以岗定薪制度就是招聘和竞争上岗相结合,以行政能力、策划执行能力、专业水平作为综合评审,员工按照劳动法签订合同划定薪酬,能进能退。绩效考核分配制度就是依据图书馆内部的绩效考核制度,每年开展季度考核、年度考核、财务审计,并以此作为奖惩依据,给予绩效奖励。[2]

五、发挥行业协会桥梁纽带与行业引领作用

作为行业自律性服务组织,我国的中国图书馆学会及各地所属的图书馆行业协会在新时代条件下,在充分发挥行业凝聚力的基础上,持续利用其在行业领域的协调、组织、配合功能与行业引领的主观能动作用,依靠行业组织的优势地位凝聚业内专家学者,使中国的图书馆行业协会在公共图书馆现代治理领域发挥行业集群的优势,对我国公共图书馆法人治理结构的完善发展产生积极的影响。

(一) 加快设立专业委员会,发展并积蓄力量

2020 年底前,"全国市(地)级以上规模较大、面向社会提供公益服务的公共图书馆基本建立以理事会为主要形式的法人治理结构",作为中央对公共图书馆事业发展提出的重要工作要求,以中国图书馆学会为引领的全国图书馆行业协会理当对此予以重点关注。另一方面,当前的中国图书馆学会及地方图书馆行业协会应为会员提供诸多机会,这不仅有利于促进会员的专业发展、加强合作与沟通交流、及时获得专业领域的相关资讯等,还能使会员享受到每年参加年度专业会议的会费优惠等。

鉴于此,建议依托当前的各级图书馆行业组织,加快推进下设理事会协会或理事协会的设立,使得任何对公共图书馆法人治理结构感兴趣的个人、图书馆或其他各类组织机构,通过缴纳一定量的规定会费,均可成为行业协

---

① 王丰尧. 实行绩效工资背景下的公共图书馆改革探析[J/OL]. (2016-12-12)[2017-12-02]. 中文信息,2016(10). http://www.fx361.com/page/2016/1212/387677.shtml.

② 佛山市顺德区文化艺术发展中心. 广东省公共文化机构法人治理结构改革经验[R]//2017 年文化馆年会,2017 年 11 月印行.

会的会员,行业协会在使其会员享受各项福利的同时,还能够为公共图书馆挖掘出一大批对法人治理结构有兴趣、有发展潜力的潜在成员,并为他们提供沟通、交流与学习的一站式平台,营造良好的职业发展环境。

(二)提供专业指导和培训教育

持续、不断的职业学习与成长对于治理效能的发挥尤为重要,由于理事会制度在我国探索时间尚且不长,国内目前在公共图书馆领域出现的各种教育培训鲜有针对图书馆理事的专门培训。行业组织通常作为专业行业领域的引领者和推动者,应为理事队伍的发展壮大做出科学规划,为理事会发展与理事教育培训提供系统的包括人、财、物等各个方面专业知识的课程培训班、专题研讨会及专题培训、主题学术论坛等,并编制用于指导理事会日常运作、理事日常工作以及应对突发事件的实务指南,力求体现具体详实且指导性、操作性强的特点,力争使每一位理事会成员都能够成为具备较高专业素养,较强专业执行力,公正而无偏见,有直觉判断力和公德心的合格理事[1],助力公共图书馆法人治理结构体系的完善发展,提升理事在整个图书馆行业领域的学术权威与广泛认可度。

(三)规范理事行为

提倡职业道德,维护图书馆从业者合法权益是我国图书馆行业协会的重要责任。[2] 鉴于公共图书馆理事会成员对图书馆治理决策、监督的重要性,中国图书馆学会应为进一步推动公共图书馆法人治理结构规范化,推进公共图书馆理事会成员的行业自律,借鉴国外图书馆行业协会的做法,研究制定"公共图书馆理事职业道德准则",明确每位理事会成员在公共图书馆治理过程中应该遵循的行为准则以及每位理事参与治理工作必须具备的品质,确保每位理事能够恪守承诺,为实现公共图书馆有效治理尽职尽责、刚正不阿,从而确保高效治理的实现。

---

[1] 冯佳.美国公共图书馆理事教育培训研究[J].图书馆,2017(5):1-7.
[2] 中国图书馆学会[EB/OL].[2018-01-29].http://zt.cast.org.cn/n435777/n435799/n676835/n677223/20787.html.

（四）加强学术研究

总览国内外的图书馆行业组织，几乎都是学术氛围浓厚的研究机构。因此，中国的各级图书馆行业协会应进一步激发其内在优势与活力，紧紧围绕行业协会所拥有的专业委员会及其业界专家学者，通过公共图书馆法人治理结构相关课题发布、组织年度研讨会、设立网站在线研讨专栏和图情领域学术刊物专栏等不断创新的线上、线下各种形式，加强学术交流，定期向全社会发布旨在审视全国或全域公共图书馆理事会试点制度建设推进情况的"公共图书馆法人治理结构年度白皮书"、帮助各公共图书馆理事专业素养快速提升的"公共图书馆理事会成员素养指南"等，进一步扩大行业协会在促进理事这一特殊行业的发展、完善公共图书馆理事会制度中的积极作用。

六、采取灵活多元的治理模式

深入推进公共图书馆法人治理结构改革的实现方式必须坚持因地制宜，要立足实际、分类指导，避免"一刀切"①，这就要求在纵向上适时调整并有所推进，在横向上也要彰显地方特点，避免照猫画虎的千篇一律、千人一面现象出现。

（一）纵向有调整

随着公共图书馆法人治理结构试点工作不断深入发展，越来越多的公共图书馆开始步入试点探索的队伍，并随着各级政府对文化体制改革重要性的认识不断加深，还有越来越多的试点机构在前期探索基础上不断调整，一方面是未来适应新的时代变化发展，另一方面是针对试点问题敢于破题与尝试，具体包括更换与增补理事会成员、制定与修订完善章程及相关配套制度等。法人治理结构的纵向推进使得公共图书馆理事会制度能够在与时俱进、持续推陈出新的基础上为全社会提供更好、更为高效的公共图书馆服务，创造更多的社会效益。

---

① 《关于深入推进公共文化机构法人治理结构改革的实施方案》答记者问［EB/OL］.（2017-09-09）［2018-01-31］. http://news.xinmin.cn/domestic/2017/09/09/31270103.html.

（二）横向有差异

由于地域差异而产生的社会环境、服务人群的不同,使得不同地区、不同层级的公共图书馆治理也应通过自身的建设发展体现差异性。比如深圳福田区图书馆通过理事会制度完善自身的总分馆运营机制,促进全区公共图书馆管理扁平化、运营科学化、服务规范化;温州市图书馆的监事会成立读者监督团,确保充分发挥读者对图书馆治理的监管作用;佛山市顺德区图书馆理事会则更强调地域发展,强调学术研究在探索、推动本地区图书馆发展水平整体提升方面的作用,特设学术研究委员会[①];而深圳市图书馆、上海市浦东新区图书馆则由于相对国际化的地缘因素,积极发挥境外专家作为理事会成员的能动作用;特别是浦东图书馆还借鉴当地自由贸易区的做法,通过列明举办单位、理事会、图书馆管理层应规避行为的"负面清单"制度,限制举办单位对图书馆具体事务的干预等。此外,依据公共图书馆规模大小和服务人口多少,在理事会内设置相应职位或机构承担监督职能,亦或是在理事会外另设监事会开展监管工作,也应根据实际合理设置。通过上述种种不同地域、不同层级类别公共图书馆差异化的横向创新制度,能够为公共图书馆法人治理结构试点积累更多的经验、样板和示范。

第二节　我国公共图书馆理事会制度体系的实现路径

借鉴国外公共图书馆理事会制度的实践经验,并对我国公共文化机构法人治理结构试点阶段的各地探索进行梳理和总结,在兼顾上一节中提出的公共图书馆理事会在我国建设发展的重点任务,在具体实现方式上,笔者以为,未来,应明确以解决试点阶段存在的问题为切入点,以改革现行的管理体制、建立灵活的运行机制为根本目标,以国内现有的不同层级的单体公共图书馆、不同类型的公共图书馆服务体系试点探索为思路,通过建立健全公共图

---

① 顺德图书馆设理事会 社会专家可话事[EB/OL].(2014-12-17)[2017-12-29]. http://gd.sina.com.cn/fs/wuqu/2014-12-17/075822387.html.

书馆法人治理结构联席会议制度、理事会议事制度、年度工作报告制度、信息公开制度、决策责任追究制度、馆长联合任免制度、"双向进入、交叉任职"制度、审计监督制度、绩效评估制度等各项配套规章制度,逐步建立起以公益目标为导向、决策专业科学、激励监管制度健全的现代治理结构,并在证明行之有效、可复制、可借鉴、可推广的基础上,通过召开现场会、经验交流会或组织实地考察、分发推介资料等方式及时扩大推广,以期全面提升我国图书馆的治理水平和公共服务效能。

一、省级公共图书馆理事会制度

全省公众作为省级公共图书馆的服务对象,在新时代背景下,随着信息社会飞速发展与我国政府对公共文化事业给予前所未有的重视,现代公共文化服务体系逐步构建完善,在市级馆、县级总分馆的服务能力不断强化提升的同时,省级馆面对大众化阅读的压力也必然减轻。特别是伴随文化体制改革不断深化,公共图书馆总分馆服务体系、法人治理结构工作开始全面发力,成为未来发展方向,省级公共图书馆也必然要顺应变革发展,要在遵循《省(自治区、市)图书馆工作条例》、强化本地区范围内文献信息积累保存和服务责任、成为具有较高文献信息保存和服务层次的综合服务机构基础上,强化对全省图书馆开展指导协调、协助省级政府文化主管部门开展全省图书馆信息资源网络建设、建立全省联合咨询平台、补充特种资源[1]、实施全省图书馆从业人员业务培训、组织指导全省图书馆学及相关学科的研究、组织指导全省文献信息资源的开发及服务等职能[2]。

理事会作为省域公共图书馆核心的治理机构,其设立发展亦当顺应时代,履职尽责地推动省馆职能得到最大限度的发挥。因此,除履行好省级公共图书馆的日常决策监督职能外,理事会还应当被赋予更多的职权,包括制定并审议全省公共图书馆中长期建设发展规划,审议并确定全省图书馆事业

---

[1]　金武刚.论县域公共图书馆总分馆制的构建与实现[J].中国图书馆学报,2015(3):42-57.
[2]　蔡晓川.省馆在公共图书馆服务体系中职能定位的思考——以江苏为例[OB/OL].(2008-11-12)[2018-01-07].http://www.chinalibs.net/ArticleInfo.aspx? id=114434.

研究工作方案,审议并确定全省图书馆年度业务交流与培训会议方案,制定并组织实施全省公共图书馆理事会成员年度会议方案等,夯实省级馆在全省统筹协调中心地位的同时,强调省级馆理事会在全省公共图书馆法人治理结构中的中心地位,推动全省公共图书馆事业全面发展。

与此同时,省级公共图书馆应成立监事机构,对省馆治理及全省各级公共图书馆的治理行为进行全面掌握,为国家层面向纵深推动公共图书馆法人治理结构提供依据。

省级馆理事会主要职权

省馆日常决策监督(参见第五章第一节第二部分内容);

制定并审议全省公共图书馆中长期建设发展规划;

审议并确定全省图书馆事业研究工作方案;

审议并确定全省图书馆年度业务交流与培训会议方案;

制定并组织实施全省公共图书馆理事会成员年度会议方案;等。

二、市级公共图书馆理事会制度

在深化推进县域公共图书馆总分馆服务体系的背景下,当前的市级公共图书馆理事会试点大多关注市级单体馆的治理,往往容易忽视市级公共图书馆在整个市域城乡一体化公共图书馆服务体系中的中心馆职能。市级馆与县域总分馆服务体系之间,较之省级馆有更加便于发挥决策监督职能的地缘优势,无论是被业界誉为"嘉兴模式"的中心馆-总分馆服务体系,还是委托管理的"苏州模式"等各种总分馆服务体系都表明,市级馆在全市范围内的以县域为基本单元的总分馆服务体系中扮演着无可替代的作用,并作为整个城乡一体化公共图书馆服务体系的核心,市级图书馆负责统筹整个服务体系的规划实施与业务指导。

市级公共图书馆的理事会在发挥针对市级单体馆的治理职能外,更应当注意到市级馆在全市域公共图书馆服务体系中的特殊地位,在努力推进法人治理结构建设发展的同时,较好地兼顾到总分馆服务体系,扩大发展其职权,包括制定并审议全市公共图书馆中长期建设发展规划,审议全市公共图书馆业务指导方案,制定并审议旨在促进理事会专业沟通交流的全市公共图书馆理事会联席会议制度,审议并批准下辖县域公共图书馆推行总分馆制、开展理事会试点的申请,听取并审议各县域总分馆制理事会工作报告等职权。

此外,市级公共图书馆还应成立监事会,对全市各级公共图书馆工作及其理事会行为进行监管,从而推动文化体制机制改革协同、协调发展。

市级馆理事会主要职权

市馆日常决策监督(参见第五章第一节第二部分内容);

制定并审议旨在促进理事会专业沟通交流的全市公共图书馆理事会联席会议制度;制定并审议全市公共图书馆中长期建设发展规划;

审议全市公共图书馆业务指导方案;

审议并批准下辖县域公共图书馆推行总分馆制、开展理事会试点的申请;

听取并审议各县域总分馆制理事会工作报告;等。

三、县域总分馆服务体系理事会制度

我国公共图书馆领域从 2000 年就开始借鉴国际经验探索总分馆的服务模式。2005 年以后,公共图书馆总分馆制在我国各地有了较为普遍的探索实践。2006 年 9 月,中办、国办印发的《国家“十一五”时期文化发展规划纲要》明确提出,“县(市)图书馆逐步实行分馆制,丰富藏书量,形成统一采购、统一编目的图书配送体系,充分发挥县图书馆对乡镇、村图书室的辐射作用,促进县、乡图书文献共享”。图书馆总分馆服务体系开始在国家的文化发展大政方针中出现。特别是 2016 年底,由原文化部、新闻出版广电总局、体育总局、发展改革委、财政部联合印发的《关于推进县级文化馆图书馆总分馆制建设的指导意见》,以及 2017 年 11 月颁布的《中华人民共和国公共图书馆法》对总分馆制的要求,使得建设发展总分馆服务体系成为公共图书馆的未来必然。鉴于此,公共图书馆理事会制度的实践探索也必须立足于图书馆事业发展的需求,把总分馆服务体系的建设发展当作公共图书馆治理的一项重要战略决策来抓。

(一) 治理范围覆盖整个服务体系

在以县域为单位推进图书馆总分馆服务体系的过程中,县级图书馆被推上总分馆制建设的中心地位,被赋予统筹、整合全县公共文化资源建设和服务提供的职能,要求实现全县域范围内的资源统一采购调配、设施统一管理运营、人员统一培训、服务统一规范。① 这就要求在公共图书馆总分馆服务体系理事会开展治理的过程中,县级图书馆理事会要摸清全县各级各类公共图书馆的家底,在将其纳入县级图书馆治理范围的基础上,根据各区域特色规划分馆的服务边界,并与辖区范围内的各单体图书分馆、服务点签订不同职责分工的协议,为图书馆的地方特色服务发展指明方向②,也即县域总分馆服务体系的理事会除负责总分馆制中县域单体总馆的治理外,还要负责用系统的、全局的治理观念,强调县级公共图书馆在总分馆服务体系中的龙头作用,加强对整个总分馆服务体系的规划,在整个区域范围内的总分馆服务体系中发挥集中决策、监管的职能,为县级图书馆单体总馆服务能力与水平的提升提供保障,为总分馆服务体系中的总馆引领提供最大支撑。另外,还需要特别注意的是,在总分馆服务体系中,各分馆将不再另设专门的理事会等治理机构。

(二) 拥有更多的特殊职权

理事会在履行其必要的决策监督职能的同时,要求理事会成员有更为宽阔的胸襟、更为开拓的视野,应能从整体角度考虑服务体系中各单体图书馆与整个服务体系的发展,为总分馆服务体系做好科学的顶层设计,理事会还应与举办单位联合任用总馆馆长,分馆馆长则由总馆馆长提名推荐、理事会依据人事管理权限审议任命,总分馆制管理的各项配套规章制度由总馆馆长

---

① 金武刚.农家书屋与农村公共图书馆服务体系融合发展探析[J].中国图书馆学报,2014(1):84-92.

② 冯佳.美国俄亥俄州图书馆理事会制度[J].国家图书馆学刊,2014(3):47-52.

报送、理事会审议通过,研究并审议县域服务体系内新馆或服务点设立申请,加强县域总馆同市级、省级等上级公共图书馆及其理事会、乡镇文化站及其主管部门的沟通与关系,加强同级文化馆等公共文化机构及其理事会的对话与协作,并进一步加强参与公共图书馆治理活动的其他主体间的良性互动等较之单体公共图书馆更多的职权,使整个县域范围内的公共图书馆理事会制度成为一个多元耦合的畅通体系,确保县域公共图书馆的治理顺利有效。

县级馆理事会主要职权

县馆日常决策监督(参见第五章第一节第二部分内容);

制定并审议全县公共图书馆中长期建设发展规划;

与举办单位联合任用总馆馆长;

审议并依据人事管理权限任命由总馆馆长提名推荐的分馆馆长;

审议总馆馆长报送的总分馆制管理的各项配套规章制度;

研究并审议县域服务体系内新馆或服务点设立申请;

加强县域总馆同市级、省级等上级公共图书馆及其理事会、乡镇文化站及其主管部门的沟通与关系;

加强同级文化馆等公共文化机构及其理事会的对话与协作;

进一步加强参与公共图书馆治理的其他主体间的良性互动;等。

(三) 成员构成顾及全面

除要注意确保各利益相关方代表的均衡,还要确保县域总分馆服务体系内分馆区域代表的均衡性,除作为理事会成员的分馆馆长外,其他所有分馆馆长均应列席且不得无故缺席理事会会议,并有权对理事会决议提出异议,使决策监管能够最大限度地兼顾各方利益且相互制衡。

(四) 采用协议制的治理形式

为更好地体现理事会在总分馆服务体系中凝聚力量和抓手作用,理事会在充分调研的基础上,应与各分馆馆长签订不同的职责分工协议,在确保治理更为顺畅、高效的同时,不仅有利于各分馆特色服务的充分彰显,又有利于推动整个区域公共图书馆事业均衡、协同发展。

四、联盟式服务体系理事会制度

在我国,当前还有一种较为松散的公共图书馆联盟服务模式,其典型代表就是上海市中心图书馆系统,该馆在不改变各参与图书馆行政隶属前提下,以上海图书馆为市级总馆,以各区图书馆为区域级总馆,以街道(乡镇)图书馆、独立建制少儿馆、社区(村)及其他延伸服务点为分馆,以专业社会机构图书馆为联盟馆的图书馆联合体,实现了一馆办证、通借通还、资源共享、信息共通。① 还有包括"北京市公共图书馆计算机信息服务网络"和"一卡通"工程等,也均采用以此种较为松散的联盟式服务体系。此种模式一般是绕过体制机制的框架制约,形成体量较大、以数字资源联通共享为纽带的服务体系,各区域成员总馆则有较大的自主性,负责统一区域内的服务标准。

(一) 治理范围与掌控力有限

联盟服务体系下的理事会在负责本系统中心馆的治理以外,对于服务体系的整体控制力较之总分馆服务体系相对较弱,尽管其区域联盟成员馆的理事会依然在经费、人事等管理上保有独立性,但联盟体系理事会的决策监督职能也应在适当调整中一以贯之。任何阅读相关组织机构均可申请加入联盟,且任何联盟体系内的成员馆理事会均可向联盟理事会申请退出区域服务联盟,理事会对此进行审议决策。

(二) 联盟理事会职权特色鲜明

理事会在作为联盟中心馆决策监督机构外,有责任为联盟成员馆理事会答疑解惑,加强联盟体系成员之间的沟通与联系,与其他潜在关联机构建立联系,审议申请加入联盟机构的资质,制定并完善联盟发展中长期规划,听取成员馆理事会报告,监管各成员馆理事会行为等。

---

① 吕玉洁,葛菁.国际文化大都市公共图书馆服务体系建设与规划[J].图书馆杂志,2016(1):31-37.

联盟馆理事会主要职权

中心馆日常决策监督(参见第五章第一节第二部分内容);

为联盟成员馆理事会答疑解惑;

加强联盟体系成员之间的沟通与联系;

加强与其他潜在关联机构的沟通与联系;

审议申请加入联盟机构的资质;

制定并完善联盟发展中长期规划;

听取成员馆理事会报告;

监管各成员馆理事会行为;等。

(三) 吸纳权威专业人士参与决策

由于联盟服务体系理事会要求能够为各类成员馆理事会出现的问题排忧解难,这就需要联盟理事会要拥有较之成员理事会更高的专业水平与决策能力,从而要求理事会要广泛吸纳区域范围内具有较高专业素养、较快反应力、较强决断力、坚定执行力、务实肯干、公正无私的社会优秀人士加入理事队伍,在有效提升中心馆治理的基础上,推动区域联盟各馆的管理能力与服务水平最大限度提升。

本 章 小 结

国家政策法规、现行体制机制以及国内外实践探索为我国公共图书馆法人治理结构提出了要求、指明了方向,要通过强化组织领导明确各利益相关方边界,为理事会赋予更多职权,建立统筹协调各方的联席会议制度、扩大公共图书馆的独立法人地位,协同推进全社会资源共建共享;通过制定一系列相配套衔接的规章制度明确决策层、管理层、监督层及党组织的职责权限,通过成立文献资源建设委员会、财务项目委员会、绩效考评委员会、监督管理委员会及临时执行委员会等专业委员会,协助开展更为科学、专业的决策,并引入全社会广泛参与的理事会决策责任追究制度,制定"追责行为清单",通过制定各地"图书馆事业发展基金会"设立与运营制度、秉持收支两条线管理的财务集中制度来畅通收支渠道,通过制定与完善馆长联免任用、理事培育与培训、以岗定薪的绩效分配等,实现人事制度改革创新,通过因时因地的制度改革,体现公共图书馆法人治理结构的时代性与地域性。在此基础上,对省级、市级、县域总分馆服务体系、联盟式服务体系理事会制度的实施路径分别进行探讨,以期为我国公共图书馆法人治理结构建设、发展、完善提供行之有效的对策建议。

参 考 文 献

图书

［1］A Fresh Look at Public Attitudes About Libraries in the 21st Century［M］. Americans for Libraries Council and The Bill & Melinda Gates Foundation，2006.

［2］A History of Public Libraries in Great Britain 1845—1975［M］. London：The Library Association，1977.

［3］Anne Goulding. Public Libraries in the 21st Century：Defining Services And Debating the Future［M］. Aldershot：Ashgate Pub Co，2006.

［4］Eisner Joseph. Handbook of laws and regulations affecting public libraries in New York State［M］. Second Edition. Long Island，N. Y. Nassau County Library Association，1976.

［5］Hewitt，H. A. A Summary of Public Library Law in England and Wales，Scotland，Northern Ireland and Eire［M］. Luton and London：Association of Assistant Librarians，1947.

［6］Kathleen de la Peña McCook. Introduction to Public Librarianship［M］. New York：Neal-Schuman Publishers，2004.

［7］John Minto，M. A.，F. L. A.. A History of the Public Library Movement in Great Britain and Ireland［M］. London：George Allen & Unwin Ltd and the Library Association，1932.

［8］Lois M. Bewley. Public Library Legislation in Canada：a Review and Evaluation［M］. Halifax，Nova Scotia：Dalhousie University Libraries，1981.

［9］Martin，L. A.. Enrichment：a History of the Public Library in the United States in the Twentieth Century［M］. Lanham，Maryland，and Oxford：The Scarecrow Press，Inc，2003.

［10］Mary Y. Moore. The Successful Library Trustee Handbook［M］. Chicago：American Library Associate，2010.

［11］Morton，Elizabeth Homer. Developing public libraries in canada，1535—1983［M］. Halifax：Dalhousie University，1975.

［12］Oliver Garceau. The Public Library in the Political Process：A Report of the Public Library Inquiry. New York：Columbia University Press，1949.

［13］Rhodes R. Understanding Governance［M］. Buckingham：Open University Press，1997.

［14］Sally Gardner Reed，Jillian Kalonick. The Complete Library Trustee Handbook［M］. New York：Neal-Schuman Publishers，Inc.，2010.

［15］(德)沃尔曼等.比较英德公共部门改革［M］.王锋等译.北京：北京大学出版社,2004.

［16］(英)格里姆赛,(澳)刘易斯.PPP革命：公共服务中的政府和社会资本合作［M］/济邦咨询公司译.北京：中国人民大学出版社,2016.

［17］(英)保罗·戴维斯.英国公司法精要［M］.樊云慧译.北京：法律出版社,2007.

［18］蔡立辉.信息化时代的大都市政府及其治理能力现代化研究［M］.北京：人民出版社,2014.

［19］陈玲.制度、经营与共识：寻求中国政策过程的解释框架［M］.北京：清华大学出版社,2011.

［20］陈振明.社会管理：理论、实践与案例［M］.北京：中国人民大学出版社,2012.

［21］郭锡龙.图书馆暨有关书刊管理法规汇览［M］.北京：中国政法大学,1995.

［22］黄颖.图书馆治理的比较制度分析［M］.北京：中国科学院文献情报中心,2004.

［23］J.M.朱兰.朱兰论质量策划［M］.北京：清华大学出版社,1999.

［24］蒋永福.现代公共图书馆制度研究［M］.北京：知识产权出版社,2010.

［25］柯平.社会公共服务体系中图书馆的发展趋势、定位与服务研究［M］.北京：北京图书馆出版社,2011.

［26］卢海燕.国外图书馆法律选编［M］.北京：知识产权出版社,2014.

［27］罗月领.城市治理创新研究［M］.北京：清华大学出版社,2014.

［28］荣跃明.上海公共文化服务发展报告.上海：上海书店出版社,2017.

［29］孙荣,徐红,邹珊珊.城市治理：中国的理解与实践［M］.上海：复旦大学出版社,2007.

［30］王世伟.国际大都市图书馆指标体系研究［M］.上海：上海科学技术文献出版

社,2009.

[31] 吴建中.战略思考:图书馆管理的 10 个热门话题[M].上海:上海科学技术文献出版社,2005.

[32] 习近平. 深化文明交流互鉴 共建亚洲命运共同体——在亚洲文明对话大会开幕式上的主旨演讲[M]. 北京:人民出版社,2019.

[33] 燕继荣.国家治理及其改革[M].北京:北京大学出版社,2015.

[34] 俞可平.治理与善治[M].北京:中国社会科学文献出版社,2000:32.

[35] 赵晶.社会资本控制:公司治理的新范式[M].北京:经济管理出版社,2015.

[36] 郑敬高.公共治理与公共管理创新[M].北京:海洋出版社,2010.

[37] 仲继银.董事会与公司治理[M].北京:中国发展出版社,2014.

期刊

[1] ALEX LANDERNSON. Library legislation:Some General Consideration [J]. Library Trends,1970(10):1-10.

[2] Cartmill, D. Charging for public library services[J]. Library Management, 1992, 13 (6):25-41.

[3] Carolyn Bourke. Public libraries:partnerships, funding and relevance[J]. Aplis, 2007,20(3):135-139.

[4] Catlin, I. Redefining the role of the public library in legislation[J]. Australian Library Journal, 1994,43(1):49-55.

[5] Crurry,Ann. The Chief Officer/Councillor relationship in British Public Libraries[J]. Journal of Librarianship & Information Science,1994,26(4):211-224.

[6] Harrison, Clement. The Library Committee in the United Kingdom[J]. Library Trends:1962,11 (1),Library boards:82-94.

[7] Kelly, H. Neil. Portrait of the Illinois Trustee Community[J]. Illinois Libraries, 1999,81(Fall):222-225.

[8] Usherwood, Bob. Local Politics and the Public Library Service[J]. Journal of Librarianship & Information Science, 1991,26(2):135-140.

[9] 阿华.世界各国社区图书馆掠影[J].社区,2005(6):60-62.

[10] 曹磊,冯佳.英国公共图书馆理事会法律规定演变——以英格兰地区为例[J/OL].图

书馆杂志,(2017-05-02)［2017-12-21］.http://kns.cnki.net/kcms/detail/31.1108.
G2.20170502.1719.018.html.

［11］曹磊.日本公共图书馆协议会制度概述［J］.图书馆理论与实践,2016(8)：68-72.

［12］陈慰.公共图书馆法人治理结构探析——以美国弗吉尼亚州公共图书馆理事会为例
［J］.图书馆杂志,2015(9)：43-48.

［13］邓伟志,钱海梅.从新公共行政学到公共治理理论——当代西方公共行政理论研究的
"范式"变化［J］.上海第二工业大学学报,2005(5)：1-9.

［14］段小虎.公共图书馆治理模式研究——挖掘自主治理秩序的力量——公共图书馆治
理模式研究系列论文之二［J］.图书馆杂志,2012(6)：10-13,19.

［15］方东.论新公共管理的嬗变［J］.科学管理研究,2004,22(2)：6-7.

［16］冯佳.美国俄亥俄州图书馆理事会制度［J］.国家图书馆学刊,2014(3)：47-52.

［17］冯佳.波士顿市公共图书馆理事会制度［J］.图书与情报,2014(2)：14-16.

［18］冯佳.国外公共图书馆理事会制度及启示——以美国波士顿公共图书馆理事会制度
为例［J］.图书馆建设,2010(6)：93-97.

［19］冯佳.美国各州图书馆理事会制度研究［J］.国家图书馆学刊,2017(3)：10-20.

［20］冯佳.美国公共图书馆理事教育培训研究［J］.图书馆,2017(5)：1-7.

［21］冯佳.美国公共图书馆理事制度研究——以纽约州为例［J］.图书情报工作,2014
(16)：57-61.

［22］关思思.德国国家图书馆理事会概述［J］.新世纪图书馆,2017(8)：75-78.

［23］胡海荣.温州市图书馆理事会运行实践［J］.图书馆建设,2015,(2)：13-14,17.

［24］霍瑞娟.公共图书馆法人治理结构现状调研及思考［J］.中国图书馆学报,2016(4)：
117-127.

［25］蒋树勇.美国的州立图书馆及其作用——美国图书馆的管理和运营概述之一［J］.图
书与情报,2010(1)：8-15,73.

［26］蒋永福.论公共图书馆法人治理结构［J］.图书馆学研究,2011(001)：40-45.

［27］蒋永福.论图书馆理事会制度［J］.图书馆,2011(3)：31-34.

［28］金武刚,钱家俊,肖梅林.伦敦图书馆的法人治理结构［J］.图书与情报,2014(2)：
10-13.

［29］金武刚.论县域公共图书馆总分馆制的构建与实现［J］.中国图书馆学报,2015(3)：
42-57.

［30］金武刚.农家书屋与农村公共图书馆服务体系融合发展探析［J］.中国图书馆学报，2014(1)：84-92.

［31］康特妮,马克·霍哲,张梦中.新公共行政：寻求社会公平与民主价值［J］.中国行政管理,2001(2)：44.

［32］李国新.公共图书馆法人治理：结构·现状·问题·前瞻［J］.图书与情报,2014(2)：1-6,9.

［33］李国新.我国公共文化机构的法人治理结构试点［J］.图书馆建设,2015(2)：4-7.

［34］李宇佳,张广钦.美国9所公共图书馆年度报告内容分析与主要特征［J］.图书与情报工作,2016(22)：12-19.

［35］梁奋东.西方图书馆理事会［J］.深图通讯,2008(2)：14-17.

［36］刘光迪.关于建立图书馆年度报告制度的思考［J］.四川图书馆学报,2015(6)：72-74.

［37］刘璇,冯佳.美国图书馆法经费保障之借鉴［J］.图书馆建设,2014(3)：5-8.

［38］刘莹.基于权利属性的图书馆理事会运作模式与制度保障［J］.图书馆理论与实践,2016(1)：15-19.

［39］吕玉洁,葛菁.国际文化大都市公共图书馆服务体系建设与规划［J］.图书馆杂志,2016(1)：31-37.

［40］乔洪武,李新鹏.有限理性的人如何实现符合经济正义的利益追求——威廉姆森的经济伦理思想探析［J］.武汉大学学报(哲学社会科学版),2015,67(6)：48-56.

［41］王冬阳,冯佳.论法人治理对公共图书馆公益属性的强化作用［J］.图书馆理论与实践,2015(1)：7-11.

［42］王冬阳.公共图书馆构建理事会治理模式初探［J］.深图通讯,2008,(1)：15-19.

［43］王冬阳.机构法定·理事会治理·岗位管理——基于公共图书馆推行法人治理的理性思考［J］.图书馆,2014(1)：31-34.

［44］王冬阳.论公共图书馆法人治理结构建设的几个发展阶段［J］.国家图书馆学刊,2014(3)：34-40.

［45］王冬阳.论外部理事在公共图书馆治理中的作用［J］.山东图书馆学刊,2014(6)：26-31.

［46］王想平,姜宝良,王亚莉.浅谈如何制定大学图书馆中长期发展规划——以山东大学图书馆为例［J］.科技情报开发与经济,2015,25(18)：38-40.

［47］王丰尧.实行绩效工资背景下的公共图书馆改革探析［J/OL］.(2016-12-12)［2017-

12-02].中文信息,2016(10).http://www.fx361.com/page/2016/1212/387677. shtml.

［48］王雁红,詹国彬.顾客导向型政府对中国的启迪［J］.上海城市管理职业技术学院学报,2003(5)：36-38.

［49］王雁红.顾客导向型政府及其对我国政府改革的启示［J］.社会,2003(10)：57-60.

［50］肖容梅.我国公共图书馆法人治理结构建设现状与分析［J］.国家图书馆学刊,2014 (4)：22-28.

［51］肖容梅.深圳图书馆法人治理结构的探索和思考［J］.中国图书馆学报,2014(3)：13- 19.

［52］徐引篪,盛小平,黄颖.美国图书馆理事会及其启示［J］.四川图书馆学报,2004,3 (139)：2-7.

［53］颜映君.公共图书馆服务体系建设的研究与探索［J］.内蒙古科技与经济,2011(02)： 150-152.

［54］杨新春,姚东.建设社会主义和谐社会必须发展第三部门［J］.黑河学刊,2007(2)： 10-11.

［55］易向军.探索法人治理结构在公共图书馆管理上的运用［J］.图书馆理论与实践,2011 (6)：75-79.

［56］薬袋秀樹.図書館協議会の可能性：草の根からの図書館振興［J］.社会教育,2012, 6(6)：24-25.

［57］曾原.治理路径下的图书馆理事会制度探索［J］.图书馆杂志,2014(12)：16, 69-72.

［58］郑珊.新公共管理：背景、特征与启示［J］.前沿,2005(5)：164-166.

［59］周建华.公共图书馆法人治理结构的分析与思考［J］.图书馆建设,2014(12)：71- 75,79.

［60］周友军.德国民法上的公法人制度研究［J］.法学家,2007(4)：140-147.

网络文献

［1］【法令沿革一覧】図書館法［EB/OL］.［2015-4-21］.http://hourei.ndl.go.jp/ SearchSys/viewEnkaku.do?i=Wfvv7TnXxosLD1h1q8nwqw%3d%3d.

［2］About Our Commission［EB/OL］.［2016-09-29］.https://www.tsl.texas.gov/

agency/commission/index. html.

［3］About the Board［EB/OL］. ［2015－03－03］. http：//www. hawaiiboe. nct/About/
Pages/AboutUs. aspx.

［4］About the Office of Library and Information Services［EB/OL］. ［2016－09－12］.
http：//www. olis. ri. gov/aboutus/index. php.

［5］About US［EB/OL］. ［2016－09－10］. https：//www. tsl. texas. gov/about.

［6］About［EB/OL］. ［2016－07－02］. http：//mlc. lib. ms. us/about/.

［7］Administrative Rules［EB/OL］. ［2016－10－03］. http：//apps. sos. wv. gov/adlaw/csr/
readfile. aspx？DocId＝11967&Format＝WORD.

［8］Advisory Boards［EB/OL］. （2013－12－30）［2016－09－10］. https：//www. tsl. texas.
gov/agency/advisories. html.

［9］Arkansas Public Library Laws Annotated 2013－2014 Edition［EB/OL］. ［2015－03－02］.
http：//www. library. arkansas. gov/servicesFor/Documents/Arkansas% 20Public%
20Library%20Laws%20Annotated%202013－2014%20Edition. pdf.

［10］Arkansas Trustee Academy［EB/OL］. ［2015－02－10］. http：//www. ala. org/united/
trustees/trustee_academy/arkansas/.

［11］Board Meeting Minutes［EB/OL］. ［2016－07－01］. http：//mblc. state. ma. us/mblc/
board/minutes/index. php.

［12］Bylaws of the Library of Michigan Board of Trustees［EB/OL］. ［2016－07－02］.
http：//www. michigan. gov/documents/libraryofmichigan/lm_2014_BoardBylaws04－
24－14_466463_7. pdf.

［13］CALCO BYLAWS［EB/OL］. ［2016－07－02］. http：//mn. gov/library/bylaws. html.

［14］CHAPTER 10［EB/OL］. ［2016－10－05］. http：//www. legis. state. wv. us/WVCODE/
Code. cfm？chap＝10&art＝1.

［15］Chapter 26 Public Libraries［EB/OL］. ［2015－03－03］. http：//legislature. idaho. gov/
idstat/Title33/T33CH26SECT33－2618. htm.

［16］Deutsche Nationalbibliothek. Donators. ［EB/OL］. （2015－11－25）［2016－07－31］.
http：//www. dnb. de/EN/Header/Foerderer/foerderer_node. html.

［17］Deutsche Nationalbibliothek. Draft Law regarding the Deutsche Nationalbibliothek
（DNBG）［EB/OL］. （2016－05－17）［2016－07－31］. http：//www. dnb. de/

SharedDocs/Downloads/EN/DNB/wir/dnbg. pdf? __blob = publicationFile.

［18］Deutsche Nationalbibliothek. History［EB/OL］.（2014-04-22）［2016-07-31］. http：//
www. dnb. de/EN/Wir/Geschichte/geschichte_node. html.

［19］Deutsche Nationalbibliothek. The Administrative Council［EB/OL］.（2015－07－20）
［2016-07-31］. http：//www. dnb. de/EN/Wir/Organe/organe_node. html.

［20］Director General. Annual report 2009［EB/OL］.（2012-02-21）［2016-07-31］. http：//
d-nb. info/100707986X/34.

［21］Functions of the Board［EB/OL］.［2015－03－02］. http：//www. hawaiiboe. net/
About/Pages/Functions. aspx.

［22］IC 4-23-7 Chapter7 Indiana Library and Historical Department［EB/OL］.［2015-03-
04］. https：//iga. in. gov/legislative/laws/2014/ic/titles/004/.

［23］Iowa Commission of Libraries［EB/OL］.［2015-03-03］. http：//www. statelibraryofiowa.
org/about/gov/index.

［24］KulturportalDeutschland. kulturpolitik.［EB/OL］.（2015－12－11）［2016－07－31］.
http：//www. kulturportal-deutschland. de.

［25］Libraries Today. 1866 Bill［EB/OL］.［2013-03-26］. http：//www. uoguelph. ca/～
lbruce/onthistories. shtml.

［26］Library Act［RSBC 1996］Chapter 264［EB/OL］.［2017-12-28］. http：//www. canlii.
org/en/bc/laws/stat/rsbc-1996-c-264/latest/rsbc-1996-c-264. html.

［27］Library Board Organization［EB/OL］.［2016-08-29］. http：//www. nysl. nysed. gov/
libdev/trustees/handbook/index. html＃BoardOrganization.

［28］Local Government Association. Rethinking Governance Practical Steps for Councils
Considering Changes to Their Governance Arrangements［EB/OL］.［2016－4－20］.
http：//www. local. gov. uk/documents/10180/5854661/Rethinking ＋ governance ＋ －
＋ practical ＋ steps ＋ for ＋ councils ＋ considering ＋ changes ＋ to ＋ their ＋ governance ＋
arrangements/6f1edbeb-dbc7-453f-b8d8-bd7a7cbf3bd3.

［29］Lyn Hopper. Board Basics［EB/OL］.［2015-03-02］. http：//www. georgialibraries.
org/lib/publications/trusteemanual/board_basics. php.

［30］Mission and Roles［EB/OL］.［2016－10－09］. https：//www. sos. wa. gov/library/
libraries/dev/council/mission. aspx.

[31] New Jersey Public Libraries：A Manual for Trustees，2015[EB/OL]. [2016-11-03].
http：//www. njstatelib. org/wp-content/uploads/2014/05/Trustee-Manual-2015. pdf.

[32] North Dakota Library Coordinating Council Bylaws[EB/OL]. (2015-11-02)[2016-
09-10]. http：//www. library. nd. gov/council/councilbylaws. pdf.

[33] Organization[EB/OL]. [2016-09-10]. http：//www. statelibrary. pa. gov/Pages/
Organization. aspx.

[34] Policy on Board Liaisons[EB/OL]. [2016-07-01]. http：//mblc. state. ma. us/mblc/
board/policy/liaisons. php.

[35] Policy on Budget Revisions for Regional Library Systems[EB/OL]. [2016-07-01].
http：//mblc. state. ma. us/mblc/board/policy/budget. php.

[36] Policy on Sponsorships and Partnerships[EB/OL]. [2016-07-01]. http：//mblc. state.
ma. us/mblc/board/policy/sponsorships. php.

[37] Policy on Supplemental Public Library Funding[EB/OL]. [2016-07-01]. http：//
mblc. state. ma. us/mblc/board/policy/supplemental_plf. php.

[38] Protocols for the Secretary's Council on Library Development[EB/OL]. (2015-04-10)
[2016-07-30]. https：//www. sos. mo. gov/CMSImages/Library/SecretarysCouncil
ProtocolsApprovedApril2015. pdf.

[39] State Aid Policies[EB/OL]. [2016-07-01]. http：//mblc. state. ma. us/grants/state_
aid/policies/index. php.

[40] State Government Libraries[EB/OL]. [2016-07-02]. http：//mn. gov/library/.

[41] State Historical Records Advisory Board[EB/OL]. [2015-03-04]. http：//dos.
myflorida. com/library-archives/about-us/state-historical-records-advisory-board/.

[42] State Library Board — Members — Meetings — Expenses[EB/OL]. (2016-05-10)
[2016-10-02]. https：//le. utah. gov/xcode/Title9/Chapter7/9-7-S204. html? v=
C9-7-S204_2016051020160510.

[43] State Library of Kansas Board[EB/OL]. [2016-01-28]. http：//kslib. info/237/
Board.

[44] State of Vermont Board of Libraries[EB/OL]. [2016-10-02]. http：//libraries.
vermont. gov/about_us/board.

[45] Statement on the Governance Role of a Trustee or Board Member[EB/OL]. [2014-05-

03］. www. regents. nysed. gov/about/stmt07. pdf.

［46］ Training Program Highly Popular With Public Library Board Trustees［EB/OL］. (2016 - 01 - 15)［2016 - 09 - 10］. http://sos. tn. gov/news/training-program-highly-popular-public-library-board-trustees.

［47］ United for Libraries. Public Library Trustee Ethics Statement［EB/OL］.［2014 - 05 - 02］. http://www. ala. org/united/sites/ala. org. united/files/content/trustees/orgtools/Ethics%20Statement. pdf.

［48］ Wisconsin Public Library Consortium Organization Bylaws［EB/OL］. (2013 - 09 - 25)［2016 - 10 - 02］. http://www. wplc. info/sites/wplc. info/files/WPLC%20Bylaws%209-13-13. pdf.

［49］ Wyoming Library Board Members' Handbook［EB/OL］.［2016 - 10 - 03］. http://www-wsl. state. wy. us/ldo/boards/handbook. html.

［50］図書館の設置及び運営上の望ましい基準(平成 24 年 12 月 19 日文部科学省告示第 172 号)［EB/OL］.［2015-4-21］. http://www. mext. go. jp/a_menu/01_l/08052911/1282451. htm.

［51］図書館法［EB/OL］.［2015 - 04 - 21］. http://law. e-gov. go. jp/htmldata/S25/S25HO118. html.

［52］図書館法施行規則(昭和二十五年九月六日文部省令第二十七号)［EB/OL］.［2015-04-21］. http://law. e-gov. go. jp/cgi-bin/idxselect. cgi? IDX_OPT = 1&H_NAME = %90%7d%8f%91%8a%d9%96%40%8e%7b%8d%73%8b%4b%91%a5&H_NAME_YOMI = %82%a0&H_NO_GENGO = H&H_NO_YEAR = &H_NO_TYPE = 2&H_NO_NO = &H_FILE_NAME = S25F03501000027&H_RYAKU = 1&H_CTG = 1&H_YOMI_GUN = 1&H_CTG_GUN = 1.

［53］《关于深入推进公共文化机构法人治理结构改革的实施方案》答记者问［EB/OL］. (2017 - 09 - 09)［2018 - 01 - 31］. http://news. xinmin. cn/domestic/2017/09/09/31270103. html.

［54］2018 年文化工作要点［EB/OL］. (2018 - 01 - 08)［2018 - 01 - 29］. http://www. xinhuanet. com/culture/2018-01/08/c_1122227961. htm.

［55］蔡晓川. 省馆在公共图书馆服务体系中职能定位的思考——以江苏为例［DB/OL］. (2008 - 11 - 12)［2018 - 01 - 07］. http://www. chinalibs. net/ArticleInfo. aspx?

id = 114434.

［56］陈乔.铲除图书馆里的"蛀虫"［EB/OL］.（2018-11-10）［2019-12-29］. https：//mp. weixin. qq. com/s? src = 11&timestamp = 1715920211&ver = 5265&signature = 630b0K T8KPV4uuLKN9Wp9LpBUuaai9dhN* cHafWS65pjv3gcKcZtfYU7PIqZAvGe1iNsuMt JZmHO37tMu8r3WcHXDhErkgq9OjaA8HHDvJkzszch5bahc* -m1A1SPQ9N&new = 1.

［57］国务院办公厅关于印发分类推进事业单位改革配套文件的通知［EB/OL］.（2014-12-24）［2017-12-10］. http：//www. zjhrss. gov. cn/art/2015/05/05/art_1985057_ 66802. html.

［58］嘉定区图书馆理事会正式成立［EB/OL］.（2016-09-18）［2017-11-29］. https：//wx. abbao. cn/a/7391-15ce9e0872b898b5. html.

［59］"坚持党的文化领导权 展现文艺工作新作为"［EB/OL］.（2024-03-06）［2024-05-09］. http：//www. qstheory. cn/laigao/ycjx/2024-03/06/c_1130085989. htm.

［60］李国新.增强公共文化机构法人治理结构改革的系统性、整体性和协同性［EB/OL］.（2019-12-31）［2024-04-28］. https：//www. workercn. cn/437/201912/31/ 191231091447740. shtml.

［61］李颖.加强党的领导 为担负起新的文化使命提供坚强政治保证［EB/OL］.（2023-11-21）［2024-05-10］. http：//www. qstheory. cn/2023-11/21/c_1129985455. htm.

［62］敏敏.在文明交流互鉴中坚守文化自信［EB/OL］.（2024-01-09）［2024-06-02］. https：//www. gmw. cn/xueshu/2024-01/09/content_37079054. htm.

［63］社会教育调查［EB/OL］.［2015-4-21］. http：//www. e-stat. go. jp/SG1/estat/ NewList. do? tid = 000001017254.

［64］深化公益性文化事业单位改革实施法人治理结构调研报告［R/OL］.（2014-01-21） ［2017-12-10］. http：//www. wxphp. com/wxd_3dg9l45hmt97tl37ll7v_3. html.

［65］顺德图书馆设理事会 社会专家可话事［EB/OL］.（2014-12-17）［2017-12-29］. http：//gd. sina. com. cn/fs/wuqu/2014-12-17/075822387. html.

［66］习近平对宣传思想文化工作作出重要指示强调 坚定文化自信秉持开放包容坚持守 正创新 为全面建设社会主义现代化国家全面推进中华民族伟大复兴提供坚强思想 保证强大精神力量有利文化条件 蔡奇出席全国宣传思想文化工作会议并讲话［EB/ OL］.（2023-10-08）［2024-01-29］. https：//news. cctv. com/2023/10/08/ ARTIAEXvUyn8OcC547WJneSA231008. shtml.

［67］习近平给国家图书馆老专家回信强调 坚持正确政治方向 弘扬优秀传统文化［EB/OL］.（2019-09-09）［2023-12-28］. http://www. xinhuanet. com/politics/2019-09/09/c_1124978586. htm.

［68］张宏志. 深刻理解"第二个结合"的时代价值与历史意义［EB/OL］.（2024-04-16）［2024-04-29］. http://www. qstheory. cn/dukan/qs/2024/04/16/c_1130109149. htm.

［69］中共深圳市委办公厅、广东省深圳市人民政府办公厅关于印发《建立和完善事业单位法人治理结构实施意见》的通知［EB/OL］.［2017-12-10］. http://www. 110. com/fagui/law_298627. html.

［70］中共中央国务院关于分类推进事业单位改革指导意见［EB/OL］.（2012-04-16）［2017-12-05］. http://www. gov. cn/jrzg/2012-04/16/content_2114526. htm.

［71］中国图书馆学会［EB/OL］.［2018-01-29］. http://zt. cast. org. cn/n435777/n435799/n676835/n677223/20787. html.

［72］专题/公共图书馆法人治理结构改革［EB/OL］.（2024-05-21）［2024-05-23］. https://mp. weixin. qq. com/s/KBXuXk7gw0dxBKR9B9lYfw.

学位论文及研究报告

【学位论文】

［1］黄颖. 图书馆治理的比较制度分析［D］. 北京：中国科学院文献情报中心,2004.

［2］平山陽菜. 日本の図書館協議会に関する総合的研究［D］. 东京都：筑波大学図書館情報メディア研究科,2013.

［3］孙冰. 美国联邦图书馆法研究［D］. 北京：北京大学,2010.

［4］孙宏伟. 英国地方自治体制研究［D］. 天津：南开大学,2014.

［5］唐开敏. 加拿大公共图书馆法研究［D］. 北京：北京大学,2011.

［6］王学思. 澳大利亚州图书馆法研究［D］. 北京：北京大学,2012.

【研究报告】

［1］佛山市顺德区文化艺术发展中心. 广东省公共文化机构法人治理结构改革经验［R］//2017 年文化馆年会,2017 年 11 月印行.

［2］广东省深圳市福田区图书馆. 公共文化机构法人治理结构试点自评报告汇编［R］. 文化部公共文化司,2016 年 11 月印行.

［3］河北省唐山市丰南区图书馆. 公共文化机构法人治理结构试点自评报告汇编［R］. 文

化部公共文化司,2016 年 11 月印行.

［4］南京图书馆. 推进法人治理结构改革 提升公共文化机构效能［R］//2017 年文化馆年会,2017 年 11 月印行.

［5］浦东新区宣传部(文广局).管办分离 共同治理 服务读者：浦东图书馆法人治理改革时间探索研究［R］.2016 年 12 月印行.

［6］山西省朔州市图书馆. 公共文化机构法人治理结构试点自评报告汇编［R］.文化部公共文化司,2016 年 11 月印行.

［7］文化部公共文化司.关于基本公共文化服务标准化、基层综合性文化服务中心和公共文化机构法人治理结构建设试点工作进展情况的报告［R］.2016 年 8 月印行.

［8］浙江省温州市图书馆.公共文化机构法人治理结构试点自评报告汇编［R］.文化部公共文化司,2016 年 11 月印行.

［9］浙江图书馆.浙江图书馆法人治理结构试点工作汇报［R］//2017 年文化馆年会,2017 年 11 月印行.

［10］重庆图书馆. 推进法人治理结构改革 提升公共文化机构效能［R］//2017 年文化馆年会,2017 年 11 月印行.

附　录

附录 1　美国各州图书馆法人治理结构情况一览表[①]

州名	州图书馆法人治理结构名称	(准)行政机构	成员	职能定位	与馆长关系	特别说明
阿拉巴马州						该州无州立图书馆
阿拉斯加州	州长咨询委员会	是	13(6 名州长任命,5 名协会任命)	咨询	当然委员	州图书馆协会主席/会长为其成员
亚利桑那州	图书馆,档案馆和公共文书咨询委员会	是	参议院和众议院院长,州务卿任命	建议咨询		图书馆负责监督,无薪
阿肯色州	理事会	是	7,参议院批准,州长任命(不同选区)	决策	执行秘书	
加利福尼亚州	服务理事会	是	13(9 名州长任命,4 名立法机关指定)	政策执行,经费分配	首席执行官	
科罗拉多州						只有"科罗拉多州虚拟图书馆"

[①] 该表根据各州图书馆网站整理而成(时间截至 2019 年 10 月)。

（续表）

州名	州图书馆法人治理结构名称	（准）行政机构	成员	职能定位	与馆长关系	特别说明
康涅狄格州	理事会	是	5名州长任命，其他由参议院议院长任命	决策，监督	首席执行官	教育部管理
特拉华州	理事会	是				该州设立"特拉华图书馆目录联盟"
哥伦比亚特区	理事会	是	9（市长任命，议会认可）	决策		
佛罗里达州	历史文献记录咨询理事会	是	9（州长任命，1名州协调员）	咨询，拨款项目审查		设立"协调员制度"
乔治亚州	理事会			决策	密切合作	无州实体馆，注重理事素养提升
夏威夷州	教育理事会	是	9（州长任命，参议院认可）+2（学生委员会，军事代表）	监督、评审、管理、规划、决策	任命	公共学校系统与公共图书馆系统并列
爱达荷州	理事会	是	5（州长任命）	协调管理	首席执行官	协调区域图书馆系统
伊利诺伊州	咨询委员会	否	20（馆长任命）	咨询、建议、评价服务	秘书长	成员交错更迭
印第安纳州	图书馆与历史理事会	是	5（州长任命）	管理、决策（提供政府规划）	执行秘书	包含教育部、图书馆理事协会、历史协会、图联盟代表

（续表）

州名	州图书馆法人治理结构名称	（准）行政机构	成员	职能定位	与馆长关系	特别说明
爱荷华州	委员会	是	7（州长任命，高级法律、教育部长指定各1人）	管理、决策、监管	任命	
堪萨斯州	理事会	是	11（州长任命，7名专业馆员，1名妇女俱乐部资深成员）	建议咨询、审批年度计划		与州校董会合作
肯塔基州	图书馆与档案局	是	5（州长任命，2公共馆员，2其他馆理事，1学术馆员）	咨询建议	当然委员	特别关注残障等特殊群体
路易斯安那州	理事会	是	7（来自不同地区）＋1（秘书）	咨询建议、决策		
缅因州	委员会	是	17（州长任命）	咨询建议、决策		
马萨诸塞州	委员会	是	9（州长任命）	咨询建议、项目审核		成员交替更选，设立"联络人制度"
密歇根州	理事会	是	13（州长任命，1名为州教育部长或其继任者）	咨询建议	推荐，对秘书长负责	隶属教育部
明尼苏达州						该州设立"州议会大厦图书馆联盟"
密西西比州	委员会		5	咨询建议、决策	领导、倡议与服务	成员交替更选

（续表）

州名	州图书馆法人治理结构名称	(准)行政机构	成员	职能定位	与馆长关系	特别说明
密苏里州	秘书长委员会	是	19(州政府秘书长委任)	咨询建议	当然委员	州立法机构批准设立其主席/理事长
蒙大拿州	理事会		7	咨询		按需设立特别工作小组
内布拉斯加州	咨询委员会		8	咨询建议		成员交替更迭,不得连任
内达华州						该州为数字图书馆
新罕布什尔州	咨询委员会			咨询		此前理事会改为咨询委员会
新泽西州	理事会	是	7~9(首席执行官任命)	决策		关注社区,成员交替更迭
新墨西哥州	委员会		5(州长委任)	咨询建议		图书馆有最终决定权
纽约州	理事会			管理		强调集体权威
北卡罗来纳州	委员会					州图书馆与图书馆委员会合并
北达科他州	协调委员会	是	11(州长任命)	规划、协调、评估、建议,批准法定外拨款	当然委员	州图书馆协会主席/会长也为当然委员

（续表）

州名	州图书馆法人治理结构名称	（准）行政机构	成员	职能定位	与馆长关系	特别说明
俄亥俄州	理事会	是	5（教育理事会任命）	决策	秘书、当然委员	成员交替更迭、强调公众参与
俄克拉荷马州	理事会	是	7（参议院认可，州长委任）		秘书、当然委员	强调公众参与
俄勒冈州	理事会			决策	秘书	强调公众参与
宾夕法尼亚州	州长顾问委员会	是	12（州长委任）	建议咨询		成员包括3名专业外人员
罗德岛	理事会	是	17（州长任命）	建议、游说		理事包括经济困难群体、小型公共图书馆代表
南卡罗来纳州	理事会		7	建议咨询		理事交替更新，图书馆内设机构
南达科他州	理事会		7	建议咨询		
田纳西州						2015年启动理事认证项目
得克萨斯州	咨询理事会、一系列咨询委员会			建议咨询		
犹他州	理事会	是	9（州长任命，2名来自农村地区）	咨询建议、审查并确认服务与资助		理事交替更迭、图书馆内设机构

（续表）

州名	州图书馆法人治理结构名称	（准）行政机构	成员	职能定位	与馆长关系	特别说明
佛蒙特州	理事会		6	咨询、地理命名	为馆长提供咨询	特设"地理命名制度规则"
弗吉尼亚州	理事会	是	15（州长委任）	决策、制定政策		
华盛顿州	委员会	是	13（州秘书长任命）	建议咨询	当然委员	当然委员也包括华盛顿大学信息学院院长
西弗吉尼亚州	委员会	是	9（州长任命，参议员建议和认可）	协助、建议咨询		成员交替更迭且至少包括4男,4女,有权审批社区建图书馆
威斯康星州	理事会		17（每一位合作伙伴投票产生）	管理、服务 项目与经费 评估、监督 数字图书馆指导委员会		雇佣年度项目经理人
怀俄明州						该州无理事会,但为全州制定《怀俄明公共图书馆理事会成员手册》

附录 2 我国公共图书馆法人治理结构主要政策法规内容一览表①

序号	文件名称	颁布时间	颁布机构	相关主要内容
1	中共中央、国务院关于深化文化体制改革的若干意见（中发〔2005〕14号）	2005.12.23	中共中央、国务院	深化文化事业单位的内部改革。推进人事、收入分配和社会保障制度改革。按照政事分开的原则，事业单位和行政岗位机关不得相互混岗。事业单位要全面推行聘用制度和行政管理制度，健全岗位目标责任制。明确文化行政管理部门职责，理顺文化行政管理部门与所属文化企业单位间的关系。推进政企分开、政事分开，政府与市场中介组织分开，强化政策调节、市场监管、社会管理和公共服务职能，实现由办文化为主向管文化为主转变。要完善配套政策，使文化体制改革与劳动人事、分配、社会保障、行政管理等方面的改革相衔接。
2	中共中央、国务院关于分类推进事业单位改革的指导意见（中发〔2011〕5号）	2011.03.23	中共中央、国务院	面向社会提供公益服务的事业单位，探索建立理事会、董事会、管委会等多种形式的治理结构，健全决策、执行和监督机制，提高运行效率，确保公益目标实现。不宜建立法人治理结构的事业单位，要继续完善现行管理模式。
3	关于建立和完善事业单位法人治理结构的意见（国办发〔2011〕37号之4）	2011.07.24	国务院办公厅	详见附录3。

① 本表时间截至 2023 年底。

（续表）

序号	文件名称	颁布时间	颁布机构	相关主要内容
4	国家"十二五"时期文化改革发展规划纲要	2012.02.17	中共中央办公厅、国务院办公厅	国家兴办的图书馆、博物馆、文化馆（站）、群众艺术馆、美术馆等公益性文化事业单位，要创新公共文化服务设施运行机制，探索建立法人治理结构，吸纳有代表性的社会人士、专业人士、基层群众参与管理。
5	中共中央关于全面深化改革若干重大问题的决定	2013.11.12	中共中央	按照政企分开、政事分开原则，推动政府部门由办文化向管文化转变，推动党政部门所属的文化企事业单位逐步与政府部门脱钩。建立党委和政府监管国有文化资产的管理机构，实行管人管事管资产管导向相统一。明确不同文化事业单位功能定位，建立法人治理结构，完善绩效考核机制。推动公共图书馆、博物馆、文化馆、科技馆等组建理事会，吸纳有关方面代表、专业人士、各界群众参与管理。
6	2014年文化系统体制改革工作要点及其分工实施方案	2014.04.04	文化部	加大公益性文化事业单位改革力度。按照中央事业单位改革的总体要求，分类推进文化事业单位改革，明确不同文化事业单位功能定位，完善绩效考核机制，深化文化事业单位人事、收入分配、社会保障制度改革。理顺政府与事业单位内部的关系，积极探索政事分开、管办分离的有效形式。推动文化馆、图书馆、博物馆、美术馆等组建理事会试点工作，吸纳有关方面代表、专业人士、各界群众参与管理，完善决策和监督机制，提高服务水平，提升使用效率。推动文化馆、图书馆、博物馆、美术馆等组建理事会管理、完善决策和监督机制，提高服务水平，提升使用效率。（公共文化司牵头，国家文物局、艺术司参与）

（续表）

序号	文件名称	颁布时间	颁布机构	相关主要内容
7	关于加快构建现代公共文化服务体系的意见（中办发〔2015〕2号）	2015.01.14	中共中央办公厅、国务院办公厅	按照关于深化文化体制改革和推进事业单位分类改革的要求，理顺政府和公益性文化事业单位之间的关系，探索管办分离的有效形式。进一步落实公益性文化事业单位人员主权、强化公共服务功能、增强发展活力，发挥公共文化服务骨干作用。全面推进改革。创新运行机制，建立事业单位法人治理结构，推动公共图书馆、博物馆、文化馆等组建理事会，吸纳有关方面代表、专业人士、各界群众参与管理，健全决策、执行和监督机制。完善年度报告和信息披露、公众监督等基本制度，加强规范管理。加强事业单位党组织建设，充分发挥基层党组织的战斗堡垒作用和共产党员的先锋模范作用。
8	中华人民共和国公共文化服务保障法（主席令第60号）	2016.12.25	全国人大常委会	国家推动公共图书馆、博物馆、文化馆等公共文化设施管理单位根据其功能定位建立健全法人治理结构，吸收有关方面代表、专业人士和公众参与管理。
9	国家"十三五"时期文化发展改革规划纲要	2017.05.07	中共中央办公厅、国务院办公厅	推动公共文化馆、图书馆、博物馆、美术馆等建立事业单位法人治理结构。

（续表）

序号	文件名称	颁布时间	颁布机构	相关主要内容
10	关于深入推进公共文化机构法人治理结构改革的实施方案（文公共发〔2017〕28号）	2017.08.31	中共中央宣传部、文化部、中央机构编制委员会办公室	详见附录5。
11	中华人民共和国公共图书馆法（主席令第79号）	2017.11.04	全国人大常委会	国家推动公共图书馆建立健全法人治理结构，吸收有关方面代表、专业人士和社会公众参与管理。
12	关于推动公共文化服务高质量发展的意见	2021.03.08	文化和旅游部、国家发展改革委、财政部	根据实际，稳步推进有条件的地市级以上公共图书馆、文化馆、博物馆、美术馆开展法人治理结构改革。
13	"十四五"公共文化服务体系建设规划	2021.06.10	文化和旅游部	进一步完善公共文化机构法人治理结构。
14	"十四五"文化发展规划	2022.08.16	中共中央办公厅、国务院办公厅	进一步深化文化事业单位人事、收入分配等制度改革。稳步推进公共文化机构法人治理结构改革和内部运行机制创新，探索开展国有博物馆资产所有权、藏品归属权、开放运营权分离改革试点。

附录 3 关于建立和完善事业单位法人治理结构的意见

（2011 年 7 月 24 日）

根据《中共中央 国务院关于分类推进事业单位改革的指导意见》（中发〔2011〕5 号）精神，现就建立和完善事业单位法人治理结构提出如下意见：

一、基本原则

坚持解放思想，着力创新事业单位管理体制和运行机制；坚持政事分开和管办分离，落实事业单位法人自主权；坚持强化事业单位的公益属性，加强对事业单位的监管；坚持从实际出发，试点先行；坚持正确的政治方向和党管干部的原则，加强和改善党对事业单位的领导。

二、总体要求

要把建立和完善以决策层及其领导下的管理层为主要构架的事业单位法人治理结构，作为转变政府职能、创新事业单位体制机制的重要内容和实现管办分离的重要途径。要明确事业单位决策层的决策地位，把行政主管部门对事业单位的具体管理职责交给决策层，进一步激发事业单位活力。要吸收事业单位外部人员参加决策层，扩大参与事业单位决策和监督的人员范围，进一步规范事业单位的行为，确保公益目标的实现。要明确决策层和管理层的职责权限和运行规则，进一步完善事业单位的激励约束机制，提高运行效率。

三、主要内容

面向社会提供公益服务的事业单位要探索建立和完善法人治理结构。不宜建立法人治理结构的事业单位，要继续完善现行管理模式。

（一）建立健全决策监督机构。决策监督机构的主要组织形式是董事会，也可探索董事会、管委会等多种形式。理事会作为事业单位的决策和监督机构，依照法律法规、国家有关政策和本单位章程开展工作，接受政府监管和社会监督。理事会负责本单位的发展规划、财务预决算、重大业务、章程拟订和修订等决策事项，按照有关规定履行人事管理方面的职责，并监督本单位的运行。理事会一般由政府有关部门、举办单位、事业单位、服务对象和其他有关方面的代表组成。直接关系人民群众切身利益的事业单位，本单位以外人员担任的理事要占多数。根据事业单位的规模、职责任务和服务对象等方面特点，兼顾代表性和效率，合理确定理事会的构成和规模。结合理事所代表的不同方面，采取相应的理事产生方式，代表政府部门或相关组织的理事一般由政府部门或相关组织委派，代表服务对象和其他利益相关方的理事原则上推选产生，事业单位行政负责人及其他有关职位的负责人可以确定为当然理事。要明确理事的权利义务，建立理事责任追究机制。也可探索单独设立监事会，负责监管事业单位财务和理事、管理层人员履行职责的情况。

（二）明确管理层权责。管理层作为理事会的执行机构，由事业单位行政负责人及其他主要管理人员组成。管理层对理事会负责，按照理事会决议独立自主履行日常业务管理、财务资产管理和一般工作人员管理等职责，定期向理事会报告工作。事业单位行政负责人由理事会任命或提名，并按照人事管理权限报有关部门备案或批准。事业单位其他主要管理人员的任命和提名，根据不同情况可以采取不同的方式。

（三）制定事业单位章程。事业单位章程是法人治理结构的制度载体和理事会、管理层的运行规则，也是有关部门对事业单位进行监管的重要依据。事业单位章程应当明确理事会和管理层的关系，包话理事会的职责、构成、会议制度，理事的产生方式和任期，管理层的职责和产生方式等。事业单位章程草案由理事会通过，并经举办单位同意后，报登记管理机关核准备案。

要研究制定事业单位法人治理准则，进一步规范事业单位法人治理结构建设。完善事业单位年度报告制度，加强对事业单位履行章程情况的监管。建立事业单位信息公开制度，强化社会对事业单位的监督。全面加级事业单位党的建设。

四、组织实施

建立和完善事业单位法人治理结构要试点先行,取得经验后再逐步提升。山西、上海、浙江、广东、重庆等先行试点的省(市)要加大试点范围和力度。其他省(区、市)可先选择部分事业单位作为试点。试点单位主要从涉及利益相关者较多、规模较大的事业单位中选择。并注意涵盖不同的行业领域。要注意做好与现行事业单位管理体制的衔接和平稳过渡。

机构编制部门要会同有关部门,在深入调研、充分论证和广泛征求意见的基础上拟定试点方案。要做好具体组织实施工作,及时跟踪指导,注意总结经验,确保事业单位法人治理结构建设顺利进行。

附录 4 公共文化机构法人治理结构试点工作方案

为贯彻落实党的十八届三中全会精神,加快转变政府职能,深化文化事业单位改革,创新文化管理体制机制,推动公共图书馆、博物馆、文化馆、美术馆等建立法人治理结构,提升服务效能,文化部在全国开展公共文化机构法人治理结构试点工作,特制订本方案。

一、总体思路

根据中央"建立法人治理结构"的要求,结合事业单位改革、公共财政投入机制改革、免费开放等工作,按照政事分开、管办分离的总体思路,以各级各类公共图书馆、博物馆、文化馆、美术馆等为试点,转变政府职能,完善理事会及相关规章制度,落实法人自主权,探索建立公共文化机构法人治理结构的模式和路径,提高公共文化单位管理水平和服务效能。

二、工作目标

到 2015 年底,在试点单位初步建立比较完善的法人治理结构,逐步构建以公益目标为导向、内部激励机制完善、外部监管制度健全的规范合理的现代管理体制和运行机制,实现决策、管理、监督和保障的科学化、民主化和制度化、规范化,提高服务效能。

三、工作原则

(一)政事分开,转变职能。切实转变政府职能,理顺政府与事业单位的关系,实现政事分开,创新管理方式。在明确不同文化事业单位功能定位基础上,分级分类,积极稳妥地探索不同类型公共文化机构建立现代法人治理结构的具体模式。

(二)突出主体,重在治理。坚持解放思想,着力创新公益性文化事业单位管理体制和运行机制。进一步落实事业单位法人自主权。探索建立理事会等多种形式的治理结构,健全决策、执行和监督机制,引入社会力量参与,形成多元治理结构,提高自我发展的能力。

(三)坚持公益,提高效能。坚持强化公益性文化事业单位的公益属性,充分调动广大工作人员的积极性、主动性、创造性,真正激发事业单位生机与活力,不断提高服务水平和效率,切实为人民群众提供更加优质高效的公共文化服务。

四、试点内容

(一)建立公益性文化事业单位法人治理组织结构。在明确不同文化事业单位功能定位基础上,探索公共图书馆、博物馆、文化馆、美术馆等不同类型公益性文化事业单位法人治理结构实现形式,以推进理事会制度建设为重点,探索形成以决策、执行和监督为主要构架的治理结构。建立健全理事会议事制度和年度报告、信息披露、公众监督、审计制度和绩效评估、党组织建设等各项配套规章制度。

(二)进一步深化公益性文化事业单位改革。以转换用人机制和搞活用人制度为核心,以健全聘用制度和岗位管理制度为重点,建立权责清晰、分类科学、机制灵活、监管有力的事业单位人事管理制度。以完善工资分配激励约束机制为核心,健全体现岗位绩效和分级分类管理要求的收入分配制度。建立资金来源多渠道、保障方式多层次、管理服务社会化的社会保障体制。

(三)探索引入社会力量参与公益性文化事业单位管理。创造条件,鼓励社会知名人士、文化艺术界专业人士以及群众代表等以多种方式进入理事会,参与公益性文化事业单位的决策和监督。鼓励社会力量、社会资本以捐建设施、捐资等形式参与公共文化服务体系建设,捐赠方代表可参加理事会。

(四)推进公益性文化事业单位财政投入方式改革。着力构建财政支持公益性文化事业发展长效机制。探索将公益性文化事业单位绩效评估考核结果与财政投入挂钩的途径,把主要公共文化产品和服务项目、公益性文化活动纳入公共财政经常性支出预算。对公益性文化事业单位的财政资金使用情况进行考评,严格资金管理和使用。

(五)探索创新公共文化服务内容和方式。以探索公共文化机构法人治理结构治理为契机,引导公益性文化事业单位建立健全群众文化需求反馈机制,进一步拓展和深化各类服务项目的内涵,创新公共文化服务方式和管理运行模式,打造一批在社会上有广泛影响的公共文化服务品牌,切实发挥公益性文化单位在提高人民群众文化素质方面的重要作用。

五、试点主体

(一)符合试点条件的省、市、县级公共图书馆、博物馆、文化馆、美术馆、科技馆等;

(二)试点条件:所在地党委、政府支持,工作基础较好,主管部门、单位领导班子和员工均有参与意愿;三年内未发生重大服务质量、安全事故,未受到相关部门通报批评、行政处分;民办公共文化机构应合法登记,在所在区域影响较大,群众反响良好,具备代表性,无不良记录。

六、试点程序

(一)各省文化行政部门分别确定8~10个单位(每类公共文化服务机构应有1~2个试点单位)作为本省的试点单位,并从中选择1~2个单位向文化部推荐为国家级试点候选单位。申报试点的单位应提交申请和试点工作方案;申报单位所在行政区域的政府应提交支持该单位建立法人治理结构的意见函;申报国家级试点的单位通过省级文化行政部门向文化部提交本单位的试点工作方案。(2014 年 7 月)

（二）文化部组织专家对候选国家级试点单位工作方案进行评审论证,并择优选择 8～10 个作为国家级试点单位(2014 年 8 月)。

（三）国家级试点单位根据试点工作方案和文化部批复文件的要求,开展试点工作,试点工作周期原则上为 1 年半,试点单位应将工作中的重大事项及时向省级文化部门和文化部报告。文化部将适时组织专项调研。(2014 年 9 月—2015 年 12 月)。

（四）试点工作结束后,试点单位通过省级文化部门向文化部报送试点工作总结,并提出工作建议;各省均应在本省试点工作结束后,形成试点总体报告报文化部(2015 年 12 月)。

（五）试点单位所在省、市政府和文化部门应积极协调有关部门,研究配套人事和财政政策,支持试点单位建立法人治理结构。

（六）对于试点工作取得较好成效的试点单位,文化部将视具体情况以适当方式向全国推广其成功经验和做法。

附录 5　关于深入推进公共文化机构法人治理结构改革的实施方案

（2017 年 9 月 8 日）

为深化公益性文化事业单位改革,推动公共图书馆、博物馆、文化馆、科技馆、美术馆等建立以理事会为主要形式的法人治理结构,现制定如下实施方案。

一、总体要求

（一）指导思想。全面贯彻落实党的十八大和十八届三中、四中、五中、六中全会精神,深入学习贯彻习近平总书记系列重要讲话精神和治国理政新理念新思想新战略,围绕中央关于构建现代公共文化服务体系的总体部署,加强党对公共文化机构的领导,按照政事分开、管办分离的要求,以促进公共文化事业发展为目标,以公共图书馆、博物馆、文化馆、科技馆、美术馆为重点领域,推动公共文化机构建立以理事会为主要形式的法人治理结构,吸纳有关方面代表、专业人士、各界群众参与管理,落实法人自主权,进一步提升管理水平和服务效能,增强活力,为人民群众提供更加优质高效的公共文化服务。

(二)基本原则。

1. 坚持党的领导,把握正确方向。加强和改善党对公共文化机构的领导,落实全面从严治党要求,明确党组织在法人治理结构中的法定地位,发挥党组织政治核心作用。坚定文化自信,坚持以社会主义核心价值观为引领,坚持社会主义先进文化前进方向,把社会效益放在首位,保证人民群众主体地位,巩固社会主义文化阵地。

2. 转变职能,政事分开。坚持解放思想,创新管理运行机制,理顺政府与公共文化机构的关系,明确政府的监管职责,进一步落实公共文化机构法人自主权,引入社会力量参与,形成多元治理结构,提高公共文化机构自身发展能力。

3. 立足实际,分类实施。综合考虑不同地区经济社会发展水平和文化工作基础,根据不同公共文化机构的功能、特点和规模,坚持因地制宜、试点先行,积极稳妥地推进公共文化机构法人治理结构改革。

4. 坚持公益,提升效能。强化公共文化机构的公益属性,完善激励机制,充分调动各方面的积极性和创造性,加强统筹管理,提高综合效益。

(三)工作目标。到2020年底,全国市(地)级以上规模较大、面向社会提供公益服务的公共图书馆、博物馆、文化馆、科技馆、美术馆等公共文化机构,基本建立以理事会为主要形式的法人治理结构,决策、执行和监督机制进一步健全,相关方权责更加明晰,运转更加顺畅,活力不断增强,人民群众对公共文化的获得感明显提升。

二、主要内容

（一）建立以理事会为主要形式的法人治理结构。理事会是公共文化机构的决策机构，成员由政府有关部门、公共文化机构、服务对象和其他有关方面的代表构成，本单位以外人员担任的理事要占多数，要确保理事会成员的社会代表性。理事应当热心公共文化事业，政治素质好，具备相应的知识和能力，遵纪守法，能够忠实、诚信、勤勉地履行职责。具备条件的理事会可设立咨询或专业委员会，聘请专业人士担任委员，为理事会决策提供专业咨询服务。具备条件的公共文化机构可单独设立监事会作为监督机构，也可以在理事会中明确若干名承担监督职能的兼职监事。公共文化机构的管理层负责执行理事会作出的决策，管理层由公共文化机构行政负责人及其他主要管理人员组成。

（二）明确相关方职责。相关行政主管部门作为举办单位，负责对公共文化机构和理事会建设进行监督指导、绩效考核。理事会负责本单位的发展规划、财务预决算、重大业务、章程拟订和修订等决策事项，按照有关规定履行人事管理和监督职责。管理层按照理事会决议自主履行日常业务管理、财务资产管理和一般工作人员管理等职责。

（三）制定机构章程。强化章程在公共文化机构依法实施管理和履行职能方面的基础作用。文化部、国家文物局、中国科协会同中央编办、人力资源社会保障部等部门和单位制定本系统公共文化机构的章程范本。各公共文化机构依照章程范本，结合实际起草本单位章程，章程草案由理事会审议通过，经举办单位同意后报登记管理机关备案。章程包括理事会的职责、构成、会议制度，理事的产生方式和任期、权利和义务，管理层的职责和产生方式等。

（四）规范管理运行。公共文化机构的举办单位应注重加强宏观管理，指导组建理事会和管理层，按章程规定对理事会的重大决策进行审查，对理事会以及理事进行监督和评价，并建立理事责任追究机制。理事会严格实行集体审议、独立表决、个人负责的决策制度，依法依章程行使决策权和监督权，对举办单位负责，接受政府监管和社会监督。管理层对理事会负责，定期向理事会报告工作,接受理事会监督。公共文化机构根据国家有关政策法规,配套建立年度报告、信息公开、绩效评估和责任追究等相关制度。

（五）加强党的建设。举办单位要加强对公共文化机构党建工作的领导,将党建工作要求纳入公共文化机构章程,明确党组织在决策、执行、监督各环节的权责和工作方式,切实加强基层党组织建设和党员队伍建设。落实意识形态工作责任制。完善"双向进入、交叉任职"的配备方式,党组织领导班子成员按照章程进入理事会和管理层。理事会和管理层中的党员领导人员按照党内有关规定进入党组织领导班子。积极探索党管干部原则与理事会行使人事管理自主权有机结合的途径和方式。凡涉及公共文化机构改革发展稳定和事关职工群众切身利益的重大决策、重要人事任免、重大项目安排、大额度资金使用事项,党组织必须参与讨论研究,理事会作出决定前,应征得党组织同意。

三、配套措施

（一）落实人事管理自主权。建立法人治理结构的公共文化机构根据事业单位人事管理有关规定,结合职责任务和实际工作需要,可在机构编制部门核定的编制数额内,按照国家有关规定和事业单位人事管理权限,依照法律法规和章程自主决定本单位的内部机构和岗位设置、制定公开招聘工作人员方案和竞聘上岗办法,自行组织人员聘用和竞聘上岗工作,并按程序报备。科学界定、合理下放职称评审权限,推动符合条件的公共文化机构按照职称评审权限自主开展职称评审,人力资源社会保障部门和相关行政主管部门加强监管。

（二）扩大收入分配自主权。公共文化机构要建立健全有利于提高竞争力的内部分配机制,实行符合公共文化机构特点和发展要求的内部分配政策。公共文化机构在核定的绩效工资总量内,绩效工资分配向关键岗位、高层次人才、业务骨干和作出突出成绩的工作人员倾斜。符合规定的公共文化机构在确保公益目标、做强主业、确保国有资产安全等前提下,可以开展优惠的文化服务和文化创意产品开发,取得的事业收入、经营收入和其他收入等按规定纳入本单位预算统一管理,用于公共文化机构的事业发展和设施维护管理,以及公益文化服务、藏品征集、继续投入文化创意产品开发、对符合规定的人员予以绩效奖励等。在符合相关财务管理制度的前提下,给予公共文化机构一定的资金统筹配置权,对公共文化机构财政资金使用绩效进行考评,严格资金管理,提高使用效益。

（三）加强民主管理和社会参与。推动公共文化机构完善内部管理制度,积极发挥工会作用,涉及全体职工切身利益的重大事项,在提交理事会决策前,须按有关规定提请职工代表大会讨论。完善吸引社会力量参与公共文化机构法人治理结构建设的相关政策,鼓励有关方面代表、专业人士、各界群众按章程规定进入理事会,参与决策、管理、运营和监督。以捐资、捐赠等形式支持公共文化机构建设的企业、社会组织和其他社会力量,符合条件的可以选派代表参加理事会。通过荣誉激励、评价考核等办法,充分调动理事履职的积极性。畅通监督渠道,发挥社会公众、媒体等力量的监督作用。

（四）创新服务内容和方式。结合深入推进公共文化机构法人治理结构改革,同步建立反映公众需求的征询反馈制度、有公众参与的考核评价制度,推动公共文化机构进一步改进服务方式和手段,激发文化创造活力。借助互联网等现代信息技术改造升级传统服务模式,开展"订单式"服务,实现供需对接,提升服务效能。

四、工作步骤

（一）试点阶段(2017—2018 年)。试点工作由国家和省(区、市)文化、文物、科协等主管部门,分别从省级以上公共文化机构中选择 1～2 家承担,探索形成一批符合本系统、本地区实际的法人治理结构建设模式,同步探索建立深入推进法人治理结构改革的相关政策和配套制度。有条件和积极性的市(地),也可以结合实际进行试点探索。试点工作要按照确定试点单位、制定试点方案、筹建理事会、组建管理层、制定章程、制定管理制度、试点运行、总结验收等步骤展开。已经进行法人治理结构改革试点的公共文化机构要继续探索实践。

（二）深入实施阶段（2019—2020 年）。各地各有关部门和单位在总结试点经验的基础上，结合本方案要求，制定符合本地区实际的深入实施方案，明确实施范围、工作举措、推进方式、时间节奏和保障政策等，由点及面，推动在市（地）级以上规模较大的公共图书馆、博物馆、文化馆、科技馆、美术馆等具备条件的公共文化机构建立以理事会为主要形式的法人治理结构，逐步建立以公益目标为导向，激励机制完善、监管制度健全、规范合理的现代公共文化机构运行机制。不适合建立理事会的公共文化机构，要采取措施优化管理体制和运行机制，提高管理规范性、决策科学性、监督有效性。

五、组织实施

（一）加强组织领导。要按照本实施方案要求，高度重视，切实承担组织实施责任，加强协调配合，明确目标任务，采取有力措施，确保改革工作顺利推进。

（二）落实责任分工。各级党委宣传部门负责统筹指导。文化、文物、科协等有关部门和单位负责指导本系统深入推进公共文化机构法人治理结构改革，制定相关管理制度。机构编制、人力资源社会保障等部门负责制定配套措施，加强政策和业务指导。

（三）稳妥推进实施。要准确把握中央精神，按照法人治理结构建设原则和要求，把握工作节奏，妥善处理改革发展稳定的关系，做好深入推进法人治理结构改革与现行事业单位管理体制的衔接和平稳过渡。加强正面宣传，做好政策解读，主动回应社会关切，为深入推进法人治理结构改革营造良好社会环境。

（四）强化督促检查。要建立督察制度，对公共文化机构法人治理结构改革情况进行过程管理和跟踪指导，及时协调解决工作中的各种问题。建立容错纠错机制和评估机制，鼓励大胆改革创新，对工作推进不力的地方通报批评，对好的经验及时总结推广。

纪念馆、体育场馆、工人文化宫、青少年宫、妇女儿童活动中心等可参照执行。

公民、企事业单位、社会组织或者其他组织举办的公共文化机构,可结合实际自主深入推进法人治理结构改革,促进科学决策、民主监督和信息公开透明,提高服务效能。

附录6　浙江图书馆章程

（2015 年 6 月 29 日浙江省文化厅办公室印发）①

第一章　总　则

第一条　为规范浙江图书馆（下称"本馆"）行为,确保公益目标实现,根据《事业单位登记管理暂行条例》及其实施细则和国家有关法律法规及其他有关规定,制定本章程。

第二条　本馆名称是浙江图书馆（浙江省古籍保护中心）,英文名称是 Zhejiang Library（Zhejiang Provincial Ancient Books Protection Center）。本馆是浙江省人民政府设立的公益性事业单位法人。

第三条　本馆住所是浙江省杭州市西湖区曙光路 73 号。

第四条　本馆经费来源为财政适当补助。

第五条　本馆开办资金为人民币 33 964.1 万元。

第六条　本馆的举办单位是浙江省文化厅。

第七条　本馆的登记管理机关是浙江省事业单位登记管理局。

第二章　　宗旨和业务范围

第八条　本馆宗旨是收集、整理、保存、开发、应用文献信息资源,提供平等服务,启迪智慧、愉悦心灵、传播知识、传承文明,促进文化繁荣,推动社会进步。

---

① 资料来源：https://www.zjlib.cn/gkzzjg/53549.htm.

第九条　本馆业务范围包括：

（一）信息资源建设：

1. 收集各种类型文献信息资源，对资源进行科学组织、管理和保护。

2. 推进浙江省文献信息资源保障体系建设，促进资源共建共享。

3. 开展特色文献信息资源建设。全面收集浙江地方文献资源；保护开发古籍、版片等特色资源；开展特色资源数字化，形成特色资源数据库。

（二）公共文化服务：

1. 文献服务。包括文献推荐、文献借阅、数字阅读、馆际互借和文献传递等。

2. 社会教育。包括培训、讲座、展览、阅读推广和参观体验等。

3. 信息服务。包括参考咨询、代查代检、专题信息服务、政府信息公开和为政府决策提供服务等。

4. 空间服务。包括提供公众学习交流、文化休闲、会议展览场所和虚拟网络空间等。

5. 特殊群体服务。包括为特殊群体提供适应其需求的专门服务等。

6. 辅助服务。包括文献修复、复制、数据加工等非营利性延伸服务和其他辅助性服务。

（三）协作协调工作：

1. 全省古籍保护工作；

2. 浙江省图书馆学会工作；

3. 全省图书馆服务网络建设；

4. 跨区域、跨系统图书馆间协作交流；

5. 基层辅导与培训；

6. 国际和港澳台文化交流；

7. 与社会各界交流合作。

（四）其他有关业务。

第三章　举办单位

第十条　举办单位的权利：

（一）核准章程及章程修正案；

（二）组建理事会；

（三）聘任馆长；

（四）监督、考核各项工作；

（五）法律、法规和规章等规定的其他权利。

第四章　服务对象及服务人员

第十一条　本馆服务对象（下称"读者"）是全体社会公众，主要是在浙江省区域范围内工作、学习、生活的个人、团体、组织和机构。

第十二条　读者享有以下权利：

（一）按规定程序加入理事会，参与本馆决策的权利；

（二）平等获取信息和知识的权利；

（三）免费享有本馆基本服务的权利；

（四）对本馆的服务进行监督和提出表扬、批评、建议的权利；

（五）法律、法规和规章等规定的其他权利。

第十三条　读者应履行以下义务：

（一）遵守公共秩序，自觉维护良好的阅读环境；

（二）遵守本馆各项管理规定，服从工作人员管理；

（三）爱护本馆的文献信息资源和设施设备；

（四）尊重知识产权，依法利用文献信息资源；

（五）法律、法规和规章等规定的其他义务。

第十四条　本馆服务人员（下称"职工"）是指与本馆签订事业单位聘用合同的人员。

第十五条　职工享有以下权利：

（一）按规定使用本馆的公共资源的权利；

（二）公平获得自身发展所需机会和条件的权利；

（三）在品德、能力和业绩等方面获得公正评价的权利；

（四）对本馆工作的知情权、参与权、监督权；

（五）依照法律、法规、规章、本馆规定和聘用合同约定,获得薪酬、社会保险及其他福利待遇的权利;

（六）对岗位聘用、福利待遇、奖励或处分等事项表达异议和提出申诉的权利;

（七）法律、法规、规章与聘用合同规定的其他权利。

第十六条　职工应履行以下义务:

（一）遵守本馆规章制度,履行岗位职责;

（二）钻研业务,提高专业素养;

（三）遵守职业道德,爱岗敬业,热情服务;

（四）维护读者权益,保护读者个人信息安全;

（五）尊重知识产权,依法利用文献信息资源;

（六）维护本馆权益和声誉;

（七）法律、法规、规章和聘用合同规定的其他义务。

第十七条　本馆实行职工岗位聘用考核制度,考核结果作为其岗位聘任、薪级调整、职务变动、职称评定的重要依据。对成绩突出和为单位争得荣誉的职工予以表彰奖励,对违规违纪者依法依规作出处理。

第十八条　在本馆从事读者志愿服务、研究交流、后勤保障等活动的其他人员,依法享有相应的权利,履行相应的义务。

第五章　组 织 机 构

第一节　理 事 会

第十九条　理事会是本馆的决策和监督机构。理事会每届任期为3年。

第二十条　理事会由13名理事组成,其来源、名额、产生方式为:

（一）举办单位委派理事1名;

（二）本馆馆长、党委书记各为当然理事,本馆职工代表大会选举产生职工代表理事1名;

（三）代表本馆服务对象和社会各界的社会代表理事9名。社会代表理事面向社会公开选聘,在自愿报名或组织推荐的基础上由举办单位遴选。

所有理事经举办单位审核聘任。

第二十一条　理事会行使下列职权：

（一）拟定章程修正案，并报举办单位核准；

（二）审定本馆的基本管理制度，并报举办单位备案；

（三）审核本馆的发展规划、年度工作计划、年度工作报告、预算报告、决算报告和重大业务事项，并按规定报举办单位批准或备案；

（四）审议馆长、副馆长人选；

（五）根据需要组建咨询委员会；

（六）监督管理层执行理事会决议，并对管理层和咨询委员会工作进行考核；

（七）法律、法规和规章等规定的其他职权。

第二十二条　理事任期与理事会每届任期相同。任期届满，可以连选连任。

第二十三条　理事的任职资格：

（一）居住在浙江省区域范围内，具有完全民事行为能力；

（二）热心社会公益，具有社会责任心及个人诚信；

（三）在所属领域拥有较高的资历和声望，能客观、独立地表达意见；

（四）热爱图书馆事业，维护本馆的权益和社会声誉；

（五）具备担任理事所需的相关知识和技能。

第二十四条　理事享有以下权利：

（一）出席理事会会议，享有发言权、提议权、表决权、选举权和被选举权；

（二）监督、检查本馆对理事会决议的执行情况；

（三）对管理层执行职务行为进行监督，对违反法律、法规、本章程或理事会决议的人员提出罢免建议；

（四）监督本馆资金使用情况；

（五）提议召开理事会临时会议；

（六）向理事会提案；

（七）理事会赋予的其他权利。

第二十五条　理事应当遵守法律、法规和本章程，履行以下义务：

（一）在职责范围内行使职权；

（二）执行理事会决议；

（三）按时参加理事会会议及相关活动；

（四）了解本馆的宗旨和业务范围，主动关注图书馆事业发展与变化；

（五）按规定履行保密义务，不得擅自公开、披露本馆涉密信息；

（六）不得利用理事职位牟取任何非法利益；

（七）审议有关议案可能会产生相关利益冲突时，应回避。

第二十六条　理事为不授薪的社会公益职位。理事不因理事职位在本馆领取薪酬，因履行理事职责产生的交通、通讯等费用按本馆有关规定列支。

第二十七条　理事可以在任期届满前提出辞职。理事辞职应向理事长递交书面辞职报告，经举办单位批准后，理事资格终止。委派产生的理事辞职须经委派单位同意。

第二十八条　理事有以下情形的，举办单位按程序终止其理事资格：

（一）无正当理由连续三次（含）以上不出席理事会会议的；

（二）因本人身体健康和工作等原因，无足够的时间和精力履行理事职责的；

（三）从事有损本馆利益活动的；

（四）违反国家法律、法规、规范性文件和本章程造成本馆重大经济损失的，或被追究刑事责任的；

（五）法律、法规和规章等规定的其他情形。

第二十九条　理事空缺时按第二十条规定补充，新任理事完成当届余下任期。

第三十条　理事会设理事长1名，经理事会选举，由举办单位审核聘任。设执行理事1名，由本馆馆长担任。

第三十一条　理事长除享有理事权利外，还行使以下职权：

（一）召集和主持理事会会议，并向理事会报告工作；

（二）签署理事会重要文件；

（三）督促和检查理事会决议的执行情况；

（四）本章程和理事会授予的其他职权。

第三十二条　理事长因故不能行使职权时，由举办单位书面指定一名理事临时代行职权。

第三十三条　理事会会议分定期会议和临时会议。定期会议每年不少于 2 次。会议由理事长召集和主持。遇有重大和紧急事项，经理事长或执行理事提议，或经三分之一以上的理事联名提议，可召开临时会议。

第三十四条　理事会会议程序：

（一）确定会议议题议程；

（二）定期会议召开 15 日前，将会议通知、会议议程草案及有关文件送达全体理事；

（三）理事有权就会议议程提出建议，建议应以书面形式在会议召开 5 日前提交；

（四）召开理事会会议，理事会应首先寻求以充分协商的办法达成一致。在不能就某项决议达成一致时，可投票表决；

（五）表决并形成决议；

（六）根据会议有关情况，真实、完整地形成理事会会议记录，由到会理事签名，并按有关规定向有关方面传达、报告或者披露。

第三十五条　理事会会议须三分之二以上理事出席方能召开。

第三十六条　理事会会议采取投票表决，每名理事享有一票表决权。理事会决议分为一般事项决议和重大事项决议。一般事项决议须经参会理事的半数以上通过。涉及章程修改、管理层人员的聘任或聘任提名、业务发展规划、重大馆舍环境改造、重要业务机构调整、重大财务事项、重大业务计划等重大事项决议须经全部理事的三分之二以上通过。理事会决议经理事长签署后生效。

理事会违反法律法规和本章程导致决策失误，致使遭受严重损失或造成不良社会影响的，应承担相应的责任。

第二节 管 理 层

第三十七条 管理层是本馆的执行机构,由馆长、副馆长和党组织负责人组成。管理层会议分为党政联席会议、馆长办公会议。管理层实行馆长负责制。

第三十八条 馆长由举办单位聘任;副馆长由馆长提名,经理事会审议,经举办单位审核同意后由馆长聘任;党组织负责人根据中国共产党章程及有关规定任免。

第三十九条 管理层履行下列职权:

(一)执行理事会决议;

(二)定期向理事会汇报工作;

(三)负责本馆日常运行管理;

(四)拟定本馆基本管理制度并组织实施;

(五)负责本馆信息披露事项;

(六)法律、法规和规章等规定的其他职权。

第四十条 馆长行使下列职权:

(一)全面负责本馆日常管理工作,组织实施理事会决议;

(二)决定聘任或解聘除应由理事会、举办单位和上级组织部门聘任或解聘以外的人员;

(三)拟订和组织实施发展规划、年度工作计划,组织编制年度工作报告;

(四)拟订和执行年度预算方案;

(五)在发生突发事件需要应急处置的情况下,对本馆事务行使符合法律、法规规定和单位利益的特别处置权,并在事后向理事会报告;

(六)法律、法规和规章等规定的其他职权。

第四十一条 馆长作为本馆法定代表人拟任人选,经浙江省事业单位登记管理局核准登记后,取得该资格。

第四十二条 本馆党组织根据中国共产党章程和有关规定履行职能。支持馆长独立负责地行使职权。

第三节 职工代表大会

第四十三条 职工代表大会是职工依法参与本馆民主管理和监督的基

本形式,是职工行使民主管理权力的机构,行使下列职权:

（一）听取章程草案和章程修正案的报告,提出意见和建议;

（二）听取本馆发展规划、改革方案以及其他重大问题解决方案的报告,提出意见和建议;

（三）听取馆长年度工作报告,提出意见和建议;

（四）讨论通过管理层提出的与职工利益直接相关的福利、分配实施方案以及相应的岗位聘任、考核、奖惩办法;

（五）审议本馆职工代表提案办理情况报告;

（六）按照规定和安排评议管理层干部;

（七）通过多种方式对本馆工作提出意见和建议,监督本章程、本馆规章制度和本馆决策的落实,提出整改意见和建议;

（八）讨论法律、法规、规章等规定的以及本馆和工会商定的其他相关事项。

本馆制定职工代表大会章程。职工代表大会按照其章程开展工作。

第六章　资产和财务管理

第四十四条　本馆的合法资产受法律保护,任何单位、个人不得侵占、私分、挪用。

第四十五条　本馆的资产使用和管理应符合本馆的宗旨和业务范围,发挥资产的最大效益,最大限度地实现公益目标。

第四十六条　本馆执行《事业单位财务规则》《事业单位国有资产管理暂行办法》等规章及有关资产财务制度规定,依法接受有关主管部门监督。

第四十七条　本馆按照有关法律法规规定配备、管理财务管理人员和资产管理人员,维护国有资产安全完整,合理配置和有效利用国有资产。

第四十八条　本馆的职工薪酬、社会保险、福利待遇按照国家有关规定和聘用合同的规定执行。

第四十九条　本馆理事会换届和法定代表人离任前,应当进行经济责任审计。

第七章　信 息 披 露

第五十条　本馆承诺按照国家法律法规和浙江省事业单位登记管理局的规定,真实、完整、及时地在本馆门户网站披露以下信息:

（一）本馆基本情况;

（二）本馆发展规划、年度工作计划、年度工作报告;

（三）本馆理事会、管理层组成及变动情况;

（四）受奖惩情况;

（五）社会投诉情况;

（六）法律、法规和规章等规定应该披露的其他事项。

第八章　终止和剩余资产处理

第五十一条　本馆有以下情形之一,应当终止:

（一）举办单位决定解散;

（二）因合并、分立解散;

（三）依照法律、法规和本章程,自行决定解散;

（四）法律、法规规定的其他终止事由出现。

第五十二条　本馆自行决定解散,应由理事会表决通过,理事会的终止决议报举办单位批准。

第五十三条　本馆在申请注销登记前,理事会在举办单位和有关主管部门的指导下,成立清算组织,开展清算工作。清算期间不开展清算以外的活动。

第五十四条　清算工作结束,形成清算报告,经理事会通过,报举办单位审核批准,向浙江省事业单位登记管理局申请注销登记。

第五十五条　本馆终止后的剩余资产,在举办单位和有关主管部门的监督下,按照有关法律法规和本章程进行处置。

第九章　图书馆和社会

第五十六条　本馆实行社会参与制度。坚持理事会中代表社会公众的外部理事多于内部理事的原则。依法实行信息公开并接受社会监督。

第五十七条　本馆自主接受机构、组织与个人自愿无偿捐赠其有权处分的合法财产,并依法完成捐赠事宜。

第五十八条　本馆依法单独或与其他社会主体共同设立合法的机构,开展与境内外政府及各社会组织的交流与合作,实现本馆与社会的协同进步。

第五十九条　本馆与自然人、法人和其他组织之间依法订立和履行合同。未经馆长授权,任何单位和个人不得以本馆名义订立合同。

第十章　章　程　修　改

第六十条　本馆有下列情形之一的,应当修改章程:

(一)章程规定的事项与修改后的国家法律、行政法规的规定相抵触;

(二)本馆的情况发生变化,与章程记载的事项不一致;

(三)理事会认为需要修改章程。

第六十一条　本章程的修改必须经职工代表大会讨论通过、党政联席会议讨论通过、理事会会议全部理事的三分之二以上通过,经举办单位核准,报浙江省事业单位登记管理局登记。涉及本馆法人登记事项的,须向浙江省事业单位登记管理局申请变更登记。

第十一章　附　　则

第六十二条　本章程经向社会公众征求意见、职工代表大会讨论通过、党政联席会议审议通过、经举办单位核准,报浙江省事业单位登记管理局登记。

第六十三条　本章程内容如与法律法规、行政规章及国家政策相抵触时,应以法律法规、行政规章及国家政策的规定为准。涉及浙江图书馆法人登记事项的,以浙江省事业单位登记管理局核准颁发的《事业单位法人证书》刊载内容为准。

第六十四条　本章程由举办单位负责解释和修订。

第六十五条　本章程自浙江省事业单位登记管理局登记之日起生效。

附录 7   访 谈 提 纲

一、理事访谈提纲

（一）开场语

您好，我是国家社科基金项目（青年项目）《公共图书馆理事会制度的建设与完善研究》的课题组成员，我现在正在调查有关公共图书馆法人治理结构试点过程中面临的问题以及未来可能的发展方向。此次访谈大概需要占用您 10～15 分钟时间，且访谈内容仅用于调查研究之用，我们将对此次访谈内容严格密保，请您放心。如果没有问题，我们就开始吧。

（二）访谈问题

1. 请问您的职称、职务。

2. 请问您是如何知道图书馆要组建理事会并成为理事的？

3. 请问您是否接受过理事任职的相关培训？具体有哪些形式？

4. 请问您知道您所服务图书馆和理事会各自的职能定位吗？

5. 请问您知道您所在理事会的监管部门是哪里吗？

6. 请问您了解图书馆治理相关的政策法规吗？是否能例举一些？

7. 担任理事职务以来，您认为您为图书馆是否做出了贡献？具体有哪些？

8. 您认为当前的图书馆理事会与您此前所构想的图书馆理事会有什么区别或差距？为什么会产生这种差异？

（三）结束语

谢谢您的配合与支持，祝您事业有成，生活愉快！

二、馆员访谈提纲

（一）开场语

您好，我是国家社科基金项目（青年项目）《公共图书馆理事会制度的建设与完善研究》的课题组成员，我现在正在调查有关公共图书馆法人治理结构试点过程中面临的问题以及未来可能的发展方向。此次访谈大概需要占用您 10～15 分钟时间，且访谈内容仅用于调查研究之用，我们将对此次访谈内容严格密保，请您放心。如果没有问题，我们就开始吧。

（二）访谈问题

1. 请问您在馆内的职称、职务。

2. 请问您是如何知道图书馆要组建理事会的？

3. 请问您了解您所在馆的理事会职能吗？

4. 您认为图书馆在理事会成立前后图书馆工作有哪些明显变化？

5. 您在理事会中是否任职？ 如果有任职，您是如何处理与理事会关系的？

6. 您认为图书馆在理事会成立前后您自己的本职工作发生了哪些变化？

7. 您认为您能够为图书馆治理做哪些工作？

8. 您认为当前的图书馆理事会与您此前所构想的图书馆理事会有什么区别或差距？ 为什么会产生这种差异？

（三）结束语

谢谢您的配合与支持，祝您事业有成，生活愉快！

附录8　理事会自评表①

一般问题指标

真正合格的理事必须理解他们与图书馆馆长的角色定位。每位理事也

---

① 该评估表是由加拿大图书馆理事尼古拉斯·斯皮利欧思（Nicholas Spillios）、美国阿肯色州河谷地区图书馆系统馆长唐娜·麦当劳（Donna MacDonald）和加州康曲柯士达县立图书馆理事艾伦·史密斯（Alan Smith）共同为美国图书馆协会下的图书馆理事、拥护者、图书馆之友和基金会协会（Association of Library Trustees, Advocates, Friends and Foundations, ALTAFF）设计制作完成的。通过完成该表中的问题，理事会治理行为的优劣显而易见，据此改进，可使理事会成为一个更为高效的治理团队。资料来源：Sally Gardner Reed, Jillian Kalonick. The Complete Library Trustee Handbook[M]. New York：Neal-Schuman Publishers, Inc. , 2010：97-102.

都应该充分理解图书馆的使命,以及如何运用图书馆相关政策、服务与活动项目确保图书馆目标的实现。理事应当能够处理影响图书馆及其服务的各种问题,涉及国家和地方等各个层面在智识自由、隐私权、资金拨付等方面的内容。

1. 理事会成员理解其角色定位与职责所在。

是_____ 否_____

2. 理事会成员理解图书馆馆长的角色定位与职责所在。

是_____ 否_____

3. 理事会成员能够明确图书馆使命、目标与愿景。

是_____ 否_____

4. 理事会成员熟悉所有影响图书馆的中央和地方法律。

是_____ 否_____

5. 理事会成员熟悉各级图书馆可能存在的问题。

是_____ 否_____

6. 理事会成员了解理事会的基本构成与章程。

是_____ 否_____

7. 理事会成员熟悉当前的图书馆政策。

是_____ 否_____

8. 理事会成员知道理事会向谁负责、接受谁的监督。

是_____ 否_____

筹款指标

由于理事要对图书馆所提供的服务质量负责,因而,他们必须有宽广的涉猎范围涵盖款项筹集,这也意味着他们有各种机会去引进额外的资金款项。理事会要与图书馆馆长合作,为款项筹集设定目标,并为实现这一目标而努力。

1. 理事会协助制定筹资目标,并积极参与筹款工作。

是_____ 否_____

2. 图书馆理事会与馆长共同发起筹款活动,并贯彻执行这一活动。

是_____ 否_____

3. 理事会知道图书馆的经费诉求。

是_____ 否_____

4. 理事会成员与社区建立联系,并理事会与社区的沟通联系搭建桥梁。

是_____ 否_____

5. 理事会成员与"图书馆之友"等相关组织保持联络。

是_____ 否_____

6. 如果没有"图书馆之友"类似组织存在,理事会应该协助设立这类组织,并为其维持运营提供支持和帮助。

是_____ 否_____

宣传指标

一般而言,图书馆理事都消息灵通,他们能够很好地理解图书馆存在的意义,以及图书馆为社区提供的服务。对图书馆工作人员不同,理事通常没有薪资或只有少量的补贴。

1. 理事会成员能够理解在政治层面影响理事会做出决策的流程与方式。

是_____ 否_____

2. 理事会成员能够接受并尊重理事会主席/理事长作为理事会代言人的身份。

是_____ 否_____

3. 图书馆馆长与理事会共同制定宣传要点。

是_____ 否_____

4. 理事会定期与新闻媒体进行沟通与联络。

是_____ 否_____

5. 理事会每个选举周期前、选举期间以及选举后都会开展宣传活动。

是_____ 否_____

6. 理事会制定长期的年度宣传计划。

是_____ 否_____

7. 所有理事会成员都积极参与图书馆的宣传活动。

是_____ 否_____

8. 理事会成员要有年度内在任官员的相关信息,并能够通过正式访问、邮件或电话联络等方式,向其通报图书馆当前存在的问题。

是_____ 否_____

9. 理事会成员访问服务社区的各团体,并为其阐释图书馆的作用和社区贡献。

是_____ 否_____

10. 每个财年,理事会都会积极游说包括当地决策者在内全社会,向图书馆给予必要的支持。

是_____ 否_____

战略规划指标

由于社会环境不断发生变化,图书馆很难一直维持现状。这意味着理事会就必须确保图书馆的使命与目标不断调整变化,以适应发展变化的环境。因此,理事的重要工作之一就是调整战略规划。

1. 理事会依据战略规划制定图书馆目标与行动方案。

是_____ 否_____

2. 理事会定期审查战略规划执行的进展情况。

是_____ 否_____

3. 向新任理事提供包含当前战略规划的指导包。

是_____ 否_____

4. 战略规划调整是理事会的常规性工作。

是_____ 否_____

政策制定指标

所有理事会成员都必须熟悉图书馆的政策,更为重要的是,要了解各项政策产生的缘由。如果政策遭到质疑,理事会成员必须能够为其辩护并提供支撑。

1. 理事会每年对图书馆政策进行审查。

是＿＿＿＿＿　　否＿＿＿＿＿

2. 理事会成员熟知图书馆政策。

是＿＿＿＿＿　　否＿＿＿＿＿

3. 理事会可以阐明图书馆政策所涉及的基本原则,并能够对遭到质疑的政策给予解释说明。

是＿＿＿＿＿　　否＿＿＿＿＿

4. 理事会成员能够明确区分决策制定与决策执行之间差异。

是＿＿＿＿＿　　否＿＿＿＿＿

财务指标

对于大多数的图书馆,理事会的财务责任即是监督,对于图书馆资源分配的日常决策则是馆长的责任。然而,这并不意味着理事会为确保预算合理分配而放弃其相应的责任。

1. 理事会拥有图书馆全年财政和预算相关的完整、准确的信息。

是＿＿＿＿＿　　否＿＿＿＿＿

2. 理事会要预留足够的时间来谈论预算问题,并做出明智的决定。

是＿＿＿＿＿　　否＿＿＿＿＿

3. 理事会了解各种决议对提升图书馆服务产生的影响。

是＿＿＿＿＿　　否＿＿＿＿＿

4. 理事会为增加预算,积极准备并向当地决策者进行游说。

是＿＿＿＿＿　　否＿＿＿＿＿

5. 拥有能反应具体服务状况的信息。

是＿＿＿＿＿　　否＿＿＿＿＿

职业发展指标

最好的理事会是不断学习和成长的理事会。第一步即是使每一位理事了解理事会的职能定位;然后就是加入国家和地方的图书馆行业协会,这些行业协会都有针对理事的专门部门;接下来,参加国家或地方针对理事的继续教育培训研讨会。

1. 理事会为其成员提供国家和地方各级的继续教育机会,使其提升专业素养。

   是_____   否_____

2. 理事会主席/理事长鼓励理事参与到继续教育活动中。

   是_____   否_____

3. 理事会成员有机会向其他理事传达并分享所学。

   是_____   否_____

4. 向新任理事介绍理事会职能。

   是_____   否_____

5. 理事会成员是国家或地方相关专业协会的会员。

   是_____   否_____

索　引

E

俄亥俄州修订法典（*Ohio Revised Code*），106

儿童互联网保护法，99

F

法兰克福国家图书馆，28

丰南图书馆，84，85

佛罗里达州图书档案馆咨询理事会，54

服务型政府，70

负面清单，64，134

G

岗位绩效薪酬制度，80

岗位限额制，80

工作报告制度，63，76，79，108，135

公法财团，32

公法社团，32

公共图书馆法人治理结构年度白皮书，133

公共图书馆服务体系，55，86，134，136

公共图书馆关闭政策（Closure of a Public Library Policy），48

公共图书馆理事会成员素养指南，133

公共图书馆理事会章程，44，86，110，113，121

公共图书馆理事职业道德准则，132

公共图书馆事业发展基金会，127

公共图书馆章程，44，105，113，121

公共文化机构法人治理结构改革工作方案，119

公共文化机构法人治理结构试点工作方案，63，168

公营造物（机构），32

H

J

后 记

时光作渡，眉目成书。时间一晃而过，其中有喜也有忧，有收获也有遗憾。本书作为国家社会科学基金青年项目"公共图书馆理事会制度的建设与完善研究"（批准号：15CTQ001）的主要成果之一，课题组成员虽身处异地、分工有别，却沟通不断、交流无歇，既有翻译整理国外材料时的质疑与争论，也有发现新材料与治理良方时的兴奋不已。此番种种，都为着一个共同的目标，即是握笔奋战，为我国公共图书馆法人治理结构的探索推进尽一份绵薄之力。

期间，笔者作为课题组负责人，有幸在国家留学基金委的资助下，怀揣着敬畏与向往叩开了伊利诺伊大学厄巴纳-香槟分校的大门，开展为期一年的访问交流与学习。作为人生中弥足珍贵的经历，在感受着伊大创造性前沿研究和创新性教育项目的同时，在时任信息学院执行副院长 Linda Smith 教授和消防学院图书馆馆长阮炼博士的帮助和推介下，接触到一些美国公共图书馆法人治理结构相关的一手资料，结识了当地公共图书馆的一些工作人员和理事会成员，特别是在伊大信息学院讲授"社区参与"课程的香槟公共图书馆前理事会主席/理事长 Martin Wolske 教授等，他（她）们的热情与真诚感染着包括我在内的身边每一个人。在伊大学习期间，笔者还通过当地公共图书馆的网站查阅了其理事会会议的完整影像资料，并旁听了当地公共图书馆每月一次、向全社会公众全面开放的理事会月度例会。通过在美期间的感性认识与前期资料研究的结合，笔者更加深了对美国公共图书馆理事会这一治理形式的认知，使得前期的研究成果也能够得以补充、完善。加之课题组其他成员，如江苏省江阴市公共文化艺术发展中心(图书馆)的曹磊主任、国家公共文化服务体系示范区创新研究中心(浙江嘉兴)的关思思博士等又分别对英国、日本和德国等不同国家各类图书馆法人治理结构进行了较为深入、系统的梳理,极大地丰富了本书中外公共图书馆法人治理结构实践的相关研究。

书中对国内公共图书馆法人治理结构的研究则得益于不同地区、不同层级文化主管部门、各公共文化机构法人治理结构试点单位、北京大学国家现代公共文化研究中心以及上海社会科学院"公共文化服务与文化治理研究"创新团队的大力支持和帮助,使得课题组能够及时了解相关政策走向,为课题组成员对试点地区进行实地走访、访谈调研并获取相关材料提供了诸多便利,也为本书第三章、第四章、第五章内容的撰写奠定了坚实的基础。

与此同时,由于课题组成员语言、知识结构以及时间、精力地限制,本书在国内外相关资料的搜集、整理方面还存在遗憾和不足,难以对国内外所有施行法人治理结构的公共图书馆及其所在地情况进行较为全面的研究。一方面,本书在以往课题研究成果基础上聚焦公共图书馆法人治理结构发展历史久远且有着显著差异的美国和英国、体现国家政府意愿的德国,以及亚洲当代图书馆事业较为发达的日本等,以期选取不同体制国家、不同类型的公共图书馆法人治理结构能够具有一定的代表性,且能够对我国尚处于探索推进阶段的公共图书馆法人治理结构有借鉴意义。另一方面,尽管课题组成员涵盖了公共图书馆管理者、一线从业者和研究者,对相关领域有一定程度的了解和直观认识,但对国内当前试点机构地深入调研还有一定的局限性,未能将各利益相关方的全部反馈呈现出来。因此,在对国内公共图书馆法人治理结构试点尚未解决的问题进行分析时,由于知识涉猎领域和学识水平等方面的制约,只能在能力范围内尽可能明晰地诠释清楚。在今后的研究中,还需要在不断完善知识结构的同时,建立公共图书馆法人治理结构试点工作的长效调研、追踪机制,并计划在未来时期成熟时通过理事会自评(参照附录8)及试点机构读者调研相结合的方式开展治理试点的成效分析,在为我国公共图书馆法人治理结构工作出谋划策的同时,不断完善在我国已日益规模化的公共图书馆理事会制度为核心的法人治理结构体系。

寒来暑往,秋收冬藏,纵使当年实地走访、调研的许多文化主管部门的领导、工作人员以及图书馆的馆长和从业者、图书馆理事会成员等都早已离开原有岗位或职位,但他(她)们无疑为本研究提供了诸多便利,拓展了思路,提出了良策,在此一并谢过。特别是2020年伊始,突如其来的新冠疫情,打破了原本的生活和学习节奏,本书的出版事宜也因而被一拖再拖。当某日夕阳的余晖洒满大地,方才惊觉,光阴已逝,而事未竟,笔者及课题组成员的身份在立项、结项、图书付梓出版近十年的时间周期里也都不知不觉地悄然发生着转变。时至今日,在此书出版之际,想起此前种种辗转中的适应与变通,周折里的坚持与勇气,难免让人在期待与失望中徘徊,最终却也在风雨变幻中摇曳生姿。在此,由衷地感谢课题组全体成员以及对本研究提供众多帮扶的师友们,感谢上海社会科学院文学研究所各位领导和诸多同仁的亲切鼓励以及笔者家人的大力支持,他(她)们无不为本书的出版提供了极大地帮助与便利。

最后,愿成书过程中的所有深情与扶持不被辜负,再次表示感恩、感谢、感激!鉴于笔力之所及,对本书的纰漏与错误之处,敬请批评指正。

2024 年 7 月于上海